COMUNIDADES DE VIDA CRISTÃ (CVX) — 3

CEFERINO GARCÍA, S.J.

COMUNIDADES DE VIDA CRISTÃ (CVX) - 3

2. MATERIAIS PARA O CRESCIMENTO

Tradução

JESÚS HORTAL, S.J.

Edições Loyola

Título original:
Comunidad de Vida Cristiana
2. Materiales para su Crecimiento

Para as citações dos textos bíblicos, usamos sempre a "Bíblia — Mensagem de Deus", LEB — Edições Loyola.

Para as dos Exercícios Espirituais de Santo Inácio, a tradução do autógrafo espanhol feito pelo Pe. Joaquim Abranches, S.J., Edições Loyola.

Edições Loyola
Rua 1822 n. 347
04216 — São Paulo — SP
Caixa Postal 42.335
04299 — São Paulo — SP
Tel.: (011) 914-1922

ISBN: 85 - 15 - **00202** - 7

ÍNDICE

3.ª Parte:

DOCUMENTOS PARA ESTA ETAPA DE CONSOLIDAÇÃO

4.ª Parte:

REUNIÕES PARA A CONSOLIDAÇÃO DA COMUNIDADE

PRÓLOGO PARA ASSESSORES

"Faz-se caminho ao andar. . ."; caminhando, caminhando, fomos fazendo esta "trilha", que hoje coloco nas suas mãos. É um resumo destes dois últimos anos. Coloco-o nas suas mãos porque sei que somente assim terá utilidade. Não é um livro de leitura, nem um que vá substituir você no trabalho de assessorar uma Comunidade. Aqui tem textos, idéias, questionários que você deve selecionar, trocar, aumentar. . . de acordo com as necessidades da sua Comunidade.

Em algumas ocasiões, tive a tentação de ser mais prolixo, em outras, de abreviar. . . não sei se acertei!, mas a minha intenção foi ajudar você. Quer dizer, dar pistas de criatividade e não dizer tudo o que se pode dizer sobre estes temas.

Para a utilização deste material, sugiro que, em cada reunião da comunidade, você apresente o texto bíblico que deve ser objeto de oração e reflexão durante a semana seguinte. Deixe que a Comunidade o leia e escute com calma e que reaja perante ele, com contribuições práticas. Isso é o próprio dessa Comunidade! Se perceber que as contribuições deles são valiosas. . . eis a matéria da próxima reunião. Se você achar que, no livro que você tem atualmente em suas mãos, existe algo que possa completar o que foi trazido pelos membros, sugira-o. Desse modo, não será uma imposição, nem uma "estrada de ferro". . . mas o eco de uns irmãos que, em outras cidades, já passaram pelas mesmas situações. As suas contribuições atuais também podem chegar a ser uma ajuda para as Comunidades que vierem atrás de vocês.

O caminho tem uma cor inaciana e faço uma referência simples aos textos básicos donde brotam as idéias-chave que orientam a reunião toda; contudo, o desenvolvimento dessas idéias está centrado num texto bíblico, quer do Antigo quer do Novo Testamento. É uma tentativa de chegar a viver essas afirmações que fazemos tantas vezes: "a vossa Palavra é eterna... a vossa Palavra me dá vida..." Se dá vida, é porque a tornamos vida hoje e não a deixamos mofar nos lecionários ou Bíblias, não obstante as bordas douradas que possuam. Torná-la vida é lê-la, refletir sobre ela, aplicá-la aos fatos e acontecimentos que vão surgindo cada dia na vida pessoal, numa tentativa de que ela seja a pauta e a norma que ilumine as decisões de cada momento. Se é eterna, quer dizer que hoje tem tanta vigência como ontem e como continuará a ter, enquanto existirem homens e mulheres dispostos a se deixar orientar por ela. Para conseguir esta VIDA ETERNA, é necessário que esta Palavra seja recebida num contexto de presença daquele que é a PALAVRA DO PAI..., quer dizer, numa disposição orante de humildade e simplicidade, a fim de se deixar interpelar por ela; é, simultaneamente, de gratidão e de alegria, por descobrirmos que fomos eleitos como seus destinatários.

O resumo — a parte mais importante deste trabalho ao longo da semana — é o que constituirá a contribuição de cada membro para a sua comunidade. Não se trata de contar lá casos acontecidos ou fatos "em bruto"; a história possui valor na medida em que é interpretada. A vida serve como mestra quando produz descobertas pessoais e sentimentos, interpela comportamentos ou é um trampolim que lança rumo a novas exigências e missões. A comunicação destas descobertas, moções etc., fará crescer e amadurecer a Comunidade, estreitando o conhecimento pessoal e comunitário, e dosando o clima, a fim de que se torne meio ótimo de discernimento em todos os níveis.

No fim de cada reunião, coloquei um breve parágrafo, sob o título de TESTEMUNHO. Também aparecia no livro anterior, e alguns me perguntaram pela sua utilidade. Está colocado no final porque pretende servir como catalisador para uma oração de resumo ou repetição. A matéria anterior é para ajudar à oração da semana; às vezes, pode acontecer que essa matéria se esgote ou, simplesmente, que deva ser trabalhada pela Comunidade em duas ou três semanas; estes parágrafos podem servir como peças curtas que dêem variedade a uma oração de repetição ou resumo.

Primeira Parte

DOCUMENTOS A TER PRESENTES DURANTE ESTA ETAPA

1

O CRESCIMENTO DA COMUNIDADE

A fase de crescimento de uma COMUNIDADE é um passo qualitativo que exige um esforço de acompanhamento certeiro, da parte do Assessor. Não é algo que aconteça automaticamente; nem também um processo que se consiga com o tempo. Está estreitamente ligado ao nascimento de algumas exigências novas dos integrantes da Comunidade e à sensibilidade do Assessor para descobri-las e situar a Comunidade na via do crescimento.

É certo que estas exigências não aparecem, no grupo todo, de uma só vez. Primeiramente, serão dois ou três; mas a comunicação deles ao grupo desencadeará um "puxão para a frente", que não estará isento de crises, por causa das resistências que originará naqueles que ainda não perceberam a vida da Comunidade. Isto poderá originar atrasos, às vezes sadios, porque servem para purificar, esclarecer e aprofundar as exigências; outras, estes atrasos conduzirão à insatisfação e ao aborrecimento daqueles que estão desejando dar um passo à frente. Um equilíbrio entre uma coisa e outra poderá constituir uma via média ou, simplesmente, a ruptura da Comunidade em dois subgrupos, sempre que se possa contar com um número adequado de pessoas para cada um deles. São momentos difíceis, mas necessários, e dão à Comunidade um caráter relativo de meio, e não de fim, para o crescimento da vida cristã das pessoas.

1. OBJETIVOS DA COMUNIDADE

Uma Comunidade de Vida Cristã, nesta fase do seu processo:

1.1. *Procura, nas pessoas, a mudança para uma melhor adaptação à sua própria realidade cristã*

Não devemos perder de vista que as pessoas que integram as Comunidades e grupos cristãos chegam a eles com uma experiência vital construída no meio de uma sociedade em que os valores cristãos e até os simplesmente "humanos" encontram-se tão postergados que nem sequer contam como valores. Assim, encontramo-nos com pessoas incapazes para a comunicação ou com um elevado grau de "fechamento", que se vai tornando cada vez mais significativo, na medida em que passa o tempo. Isto não é um simples acidente; é um sintoma de uma solidão que criou barreiras entre o eu interior e os outros que dificultam toda aproximação. Isto é algo grave, numa Comunidade ou grupo, pois está a significar uma insensibilidade para o "outro" e uma incapacidade para perceber os sentimentos que os outros produzem na pessoa.

Algumas vezes, pretende-se justificar este silêncio como falta de confiança ou de segurança para expressar diante dos outros o próprio interior. Quando experiências dos outros foram compartilhadas e se fez uma caminhada conjunta, durante um certo tempo, a persistência destes fenômenos produz em nós uma *insensibilidade* para percebermos o "outro" e para nos deixarmos comover pela vida dele. Isto determina um tipo de pessoa ancorada em categorias de julgar, pensar, sentir; numa hierarquia de valores onde os outros ficam à margem, quer porque perturbem quer porque são considerados nuns níveis afastados da verdade... que coincide com a moda. Tudo isso é grave na hora de um crescimento comunitário, e é necessário descobri-lo e, enquanto possível, remediá-lo. A oração é contato com o OUTRO... com Deus...; a caridade é proximidade com o "outro"... o irmão, a começar pelos que formam a Comunidade.

1.2. *Pretende servir de consciência crítica das pessoas*

A situação que descrevemos anteriormente determina que, em bastantes pessoas, tenha surgido uma personalidade dualista, na qual a conduta (com as suas decisões, sentimentos e motivações) esteve regida por certos apetites ou necessidades, que tinham muito pouco a ver com os valores do Evangelho. Por outro lado, a vida religiosa delas compunha-se de certos ritos ou ações que eram vividos por uma imposição extrínseca (o dever, o mandado...) ou pela rotina. Este tipo de personalidade tem a sua autenticidade encoberta. Não sabe quem pertence a cada uma das faces, as quais procura que permaneçam distanciadas uma da outra, a fim de que não se produzam interferências.

Uma Comunidade deve procurar uma tomada de consciência desta situação, a fim de quebrar os acorrentamentos convencionais e de devolver à pessoa a sua própria personalidade.

a) Ao ser uma plataforma de CONFRONTO, entre as nossas atitudes, sentimentos, hierarquia de valores e aqueles que são possuídos pelos outros membros da Comunidade ou Grupo, é muito possível que descubramos que existem formas de ser diferentes das nossas. Muitas nos são totalmente desconhecidas...: "Jamais teria pensado que outras pessoas poderiam julgar ou pensar desse modo". E outras parecerão incompreensíveis e injustificáveis: "Como pode pensar assim um cristão?"; "por que a gente não pode ser mais normal... como todos...?"

É necessário que este confronto aconteça; e que aconteça de uma forma pacífica, aceita e compreendida como querida pelo Senhor.

b) As discrepâncias ideológicas costumam ser as primeiras linhas de confronto; mas é preciso que a Comunidade nos permita DESCOBRIR os outros como seres totalmente diferentes de nós, com alguns problemas semelhantes ou diferentes dos meus e com umas apreciações deles tão reais quanto as minhas.

Para cada um, os seus próprios problemas e a sua história têm a máxima gravidade. Sair destas apreciações, para entrar nos diversos modos de ser e avaliar, quebra os esquemas míopes, individualistas e fechados, possibilitando uma personalidade universal, generosa e solidária.

c) A passagem da solidão do "eu" para a companhia do "nós" não acontece de modo insensível. É um *salto* e desencadeia um processo de ruptura como um parto:

— CONSCIÊNCIA dos nossos desajustes e inadaptações, tudo o que DEVO mudar: falta de coerência pessoal, inautenticidade, rotinas, dualismos, solidão, marginalizações...

— CONVENCIMENTO de tudo quanto há de FALSO e RETORCIDO nas nossas atitudes e categorias. O contraste com os outros e a escuta de sua forma de ver e compreender o Evangelho é aquilo que motivará a "cair do cavalo", a deixar-se moldar pelo Espírito do Senhor, que atua através do seu Corpo, sua Comunidade, reunida em nome d'Ele.

— DESMISTIFICAÇÃO: o desmascaramento e o encontro com aquilo que cada um é na realidade faz passar de um nível de conduta AUTOMÁTICO-CONSCIENTE, no qual tudo se dá por suposto e as atuações são rotineiras e sem controle, para um NÍVEL CONSCIENTE-REFLEXIVO, no qual a gente pergunta o "porquê" e o "para quê" daquilo que está para fazer.

— A Comunidade é um lugar no qual vai brotando claramente a tarefa nova, de modo real, sem falsas ilusões. Lá se comprovam as conseqüências e as dificuldades com as quais nos encontraremos, mas também os meios e ajudas para não perder o horizonte.

— Finalmente, a COMUNIDADE permite que no seu seio se tomem as decisões daquilo que vai marcar um comportamento no futuro.

d) A Comunidade deve ser como um espelho que devolva a cada pessoa a imagem que ele vai criando. Essa nova consciência de si próprio deve ser mais real e ajustada ao nível de crescimento das trocas que se produzam no seu interior.

e) Outro objetivo da comunidade é criar um sentido de relatividade em cada pessoa,

— em relação às comunicações verbais e não-verbais. A expressão verbal é difícil e não devemos dar por suposto que tudo aquilo que a gente diz é compreendido, logo de início, por todos os outros, nos mesmos termos e graus de valor com que alguém o quer transmitir;

— em relação também às GENERALIZAÇÕES e CONVENCIMENTOS. Freqüentemente, estes princípios absolutos de vida são "simplificações" que nos permitem caminhar pela vida com uma certa segurança e que nos colocam no risco de acreditarmos que isso é assim hoje e sempre, e em todos os casos. A vida é mais complexa e se encarrega de fazer descer destas intransigências, que nos distanciam sem fundamento.

f) Finalmente, nesta etapa, a Comunidade deve fazer crescer o sentido de COLABORAÇÃO e RESPONSABILIDADE de todos. Num justo e recíproco intercâmbio, se uma pessoa recebe de outros ajuda para o seu crescimento e progresso, deve se sentir chamada a fazer com os outros aquilo que fizeram com ela.

2. DISPOSIÇÕES PESSOAIS

As disposições pessoais para começar esta etapa de crescimento da Comunidade são aquelas que Santo Inácio considera básicas para que uma pessoa inicie os Exercícios Espirituais. As comunidades de Vida Cristã assimilam esta etapa de crescimento na Primeira Semana dos EE. Por este motivo, parece-nos importante indicar estas atitudes prévias, que deverão ser incrementadas ao longo do tempo em que a Comunidade vai vivendo esta etapa.

2.1. *Desejo de ser mais "ele mesmo"* (Liberdade interior) [21]

A finalidade dos EE. é que a pessoa que os faz "ordene a própria vida, sem se deixar levar por nenhuma afeição desordenada". Estas afeições são os condicionantes da própria liberdade, no momento de tomar decisões na vida. Conhecê-las é um primeiro passo para poder neutralizar o seu influxo nos instantes em que é preciso escolher, quer um "estado de vida" quer as mil decisões diárias que configuram o tipo de vida que cada pessoa vive.

O desejo de conseguir esta liberdade interna, quebrando os laços destas afeições, é o que determina o começo dos EE. e de uma vida comunitária que pretende formar para a missão.

2.2. *Aceitar mudar* (Flexibilidade) [5]

Pressupõe-se que uma pessoa, quando deseja fazer os EE., chega com uma disposição interna de *flexibilidade*, com um desejo de achar algo diferente daquilo que vive até o momento de começá-los; é possível que não saiba para onde ir, com esta mudança, pois é exatamente isso o que vai procurar; contudo, interiormente há um "cheque em branco" a tudo o que lhe for pedido. Santo Inácio nos diz na Anotação 5.ª: "Entrar neles com grande ânimo e generosidade para com seu Criador e Senhor, oferecendo-lhe todo o seu querer e liberdade". Não se colocam condições àquilo que Ele possa pedir.

2.3. *Procura do sentido profundo da vida* [1]

Para um cristão, viver como tal exige um aprendizado que dista muito do aprender de cor um código moral, por muitas determinações concretas que ele possa ter. Ser cristão é SER; é uma vida e, conseqüentemente, leva consigo umas transformações internas, onde reside o centro das decisões e dos atos externos que, mais tarde, o definirão como tal pessoa determinada.

Estas transformações são as que dão lugar ao que chamamos de "conversão" (mudanças de orientação na marcha da vida, para tornar sempre a uma adequação mais profunda com aquilo que foi a vida de Cristo). O cristão é *homem de Cristo,* aquele que vive o mesmo estilo de vida de Jesus, em todas as circunstâncias da vida; isso é realizado de forma que não suponha uma heteronomia (lei externa), mas uma autonomia (lei própria). É como alguém apaixonado: tudo o que faz, sai-lhe de dentro, do seu interior, porque as suas decisões estão ordenadas a um único objetivo: agradar a pessoa amada, pois assim consegue maior satisfação na vida.

"A pessoa se preparar e dispor para tirar de si todas as afeições desordenadas, e, afastando-as, PROCURAR e ENCONTRAR *a vontade de Deus, na disposição da própria vida*" (Anot. 1.ª).

2.4. *Ser capaz de um "diálogo pessoal com Deus"* [15]

É uma formulação que pode assustar; contudo, é uma realidade. Somente pode fazer EE. uma pessoa que esteja disposta a viver a experiência da escuta do que Deus quer dela. Santo Inácio o formula como advertência para aquele que dá os EE.: "Deixando agir diretamente o Criador com a criatura, e a criatura com o seu Criador e Senhor" (Anot. 15.ª).

Este diálogo, que se inicia nos EE., não deverá terminar nunca. Sempre haverá um novo momento para se interrogar: "O que é que Deus quer *agora* de mim?" Para conseguir achar a resposta, a pessoa que entra nos EE. tem de contar com todas as ajudas necessárias: um acompanhante, umas orientações, momentos de oração, exame dos sentimentos que lhe ocorreram ao longo do dia, nas suas decisões diárias, nos encontros com a vida etc. Também na Comunidade, isto é essencial para chegar a encontrar a resposta a essa questão.[1]

2.5. *Maturidade para tomar decisões* [14]

Em todos os assuntos da vida, a pessoa se manifesta quando deve optar por uma ou outra alternativa. Não tanto pelo acerto ou o erro, quanto pelo modo de tomar essas opções. O erro pode provir de muitos fatores de informação; o que resulta imperdoável é que as coisas se façam sem uma consideração séria, meditada e avaliada.

---

1. Veja o que dizemos sobre a oração e a reunião da Comunidade nos capítulos que seguem.

O processo de tomar decisões é aquilo que configura e, simultaneamente, diferencia umas pessoas das outras. Às vezes, somos essencialistas e a questão que se levanta perante uma ou outra opção é: qual delas é a melhor, a mais meritória, a mais heróica...? Outras vezes, cedemos aos nossos "apetites": "O que é mais agradável, o mais fácil, o mais rápido...?"; e isto acontece quando nos "personalizamos", porque outras, a nossa preocupação é conhecermos aquilo que "os outros fazem...", "aquilo que cai melhor no ambiente...", "aquilo de que o chefe gosta...", "aquilo que o Papa diz, ou o Bispo, ou o pároco de turno".

Raramente possuímos, perante os problemas, um olhar realista: "Deve-se considerar atentamente o caráter e a capacidade da pessoa, a facilidade ou os inconvenientes que poderá encontrar no cumprimento daquilo que deseja prometer" (Anot. 14.ª).

O primeiro passo é um olhar realista ao próprio eu... com as qualidades, defeitos, limitações, educação, história... tudo aquilo que eu sei e conheço de mim mesmo. Sem desvalorizar nada, mas também sem pretender metas que não são para a gente.

Segundo passo: uma avaliação da relação que se estabelece entre o que vou decidir e a minha vida, em geral: "Isto é para mim uma ajuda ou um estorvo?"; "poderei concluir aquilo que estou para iniciar?" Antes de mais nada, a própria decisão de iniciar uns EE. ou um processo de crescimento da Comunidade.

2.6. *Capacidade de reflexão interior* (Solidão) [20]

A reflexão é uma qualidade que se adquire com o exercício e a prática; contudo, é necessário um mínimo, a fim de poder iniciar uns EE., assim como esta etapa de Comunidade de Vida Cristã. A possibilidade de criar um clima durante o dia, de modo que a pessoa se deixe "captar" pelo problema e possa deixá-lo "passear" ao longo e ao largo da "vida interior" própria, aprendendo assim a *viver com ele* e a torná-lo "familiar" (G. Cusson, S.J., *Conduzi-me pelo Caminho da Eternidade. Os Exercícios na Vida Cotidiana,* Edições Loyola, São Paulo, 1976, pp. 40-41).

Esta qualidade tão peculiar dos EE. na vida cotidiana supõe uma capacidade de contrastar aquilo que me acontece com as idéias que nesses momentos constituem o tema central dos EE. ou da Comunidade. A pessoa vai se interrogando, ao longo do dia: "O que é que este fato, esta notícia, esta conversa, este pensamento ou desejo meus tem a ver... com o tema desta semana?"; "como se encarna, neste meu 'hoje', um tempo de:

a) *Calma diária (Solidão),* para fazer as contas do que percebi e para uma meditação mais direta;

b) *Oração,* 'para se aproximar de seu Criador e se unir a Ele, dispondo-se para receber graças e dons de sua divina e suma Bondade'?" (Anot. 20.ª.)

Cada pessoa terá de encontrar o tempo e a duração adequada para que sua experiência se torne autêntica.

2

A INTEGRAÇÃO EVANGELHO-VIDA

Primeiro meio: a oração

1. CRISTIANIZAR A VIDA

Qualificar a vida humana com o apelativo de *"cristã"* é o mesmo que afirmar que o conjunto das ações determinantes da pessoa executante está orientado pelos valores do Reino de Deus. Esta orientação é o produto de um processo de decisão, porque em cada momento se apresentam ao homem várias alternativas como resposta aos estímulos que lhe são oferecidos na vida. Para que o processo de decisão termine com uma opção "cristã", é preciso que a pessoa conheça, de antemão: a) os valores autênticos do Reino de Deus; b) a aplicação desses valores ao caso concreto que tem na frente, com as suas circunstâncias e pormenores objetivos e, ao mesmo tempo; c) a inclinação ou sentimentos que se produzem no interior da pessoa que vai escolher...

Pretender que as nossas decisões (escolhas ou opções), na vida humana, sejam cristãs *"espontaneamente"* seria equivalente a um angelismo integral ou a não reconhecer que a natureza humana é limitada (aquilo que conhecemos como pecado original) e está sendo bombardeada por uns valores dominantes na publicidade e no substrato da vida social dentro da qual se desenvolve, e que são os valores do mundo ou das tentações que Jesus também sofreu.

Todos temos consciência da luta que se desencadeia em nosso interior quando nos vemos perante a necessidade de tomarmos uma decisão: aparecem, com força e rapidamente, os nossos "gostos" ou "apetites"; mais tarde chegam as nossas formulações racionais, para dar forma ao que constitui o nosso "dever"; finalmente, estabelece-se o esforço para pesar e sopesar cada uma das opções, assim como as razões e sentimentos que a avalizam.

2. A MATURIDADE PESSOAL

A maturidade da pessoa pode-se medir pelo estado de integração desses dois momentos. Quanto mais madura for a personalidade, maior será a integração entre *aquilo que se pensa* e *aquilo que se sente,* de forma que esta luta vai diminuindo em intensidade e em duração. Esta maturidade constitui, quando aquilo que se pensa são os valores do Reino, *a pessoa madura cristã,* a pessoa totalmente evangelizada ou convertida; é o seguidor fiel de Jesus, esperançoso e alegre, em quem toda a força de sua vida, seus sentimentos e desejos vão encaminhados a pôr por obra aquilo que constitui o seu projeto de vida: o projeto que Jesus nos deixou delineado no seu Evangelho e com a sua vida.

Atingir este estágio de maturidade é aquilo que denominamos "integração EVANGELHO-VIDA" e do qual dizemos que é um processo, porque não é espontâneo. Isto quer dizer que existem várias *etapas* desde o momento em que alguém decide iniciar o caminho: conhecemos a meta final, mas sempre ficará além da situação em que alguém se encontra. Jesus é o modelo ("Caminho, Verdade e Vida", o verdadeiro caminho que leva à vida).

3. ETAPAS RUMO À MATURIDADE CRISTÃ

Estas etapas foram definidas em toda a literatura clássica com multiplicidade de nomes, mas com idênticos conteúdos. Os Exercícios Espirituais de Santo Inácio são um itinerário, desenvolvido pedagogicamente, para progredir neste processo integrador de valores cristãos na própria vida:

3.1. *Primeira escolha*

Conversão ou mudança: deixando uma vida dirigida ou orientada pelos valores do mundo, iniciar uma vida nova, marcada pelos valores do Reino de Deus.

3.2. *Assimilação da vida do Reino de Deus*

Conhecimento de Jesus: sua pessoa e sua vida são os valores que o determinam.

3.3. *Segunda escolha*

Opção fundamental de vida. É um momento de decisão, de pautar a vida toda de acordo com os valores de Jesus.

Opções secundárias: essa opção fundamental se traduz na vida prática, no *"aqui e agora"*, nuns comportamentos que são os que vão caracterizar a vida da pessoa.

3.4. *Identificação com Jesus*

O crescimento na integração ou maturidade cristã supõe uma maior identificação com Jesus e seu mundo; do mesmo modo que Ele, desencadeará sentimentos e paixões contrários: *a Cruz como conseqüência da missão* aprofundará o encontro e a semelhança com Jesus: a solidão, a incompreensão, o desprezo, o vitupério... desapegarão de muitos valores anteriormente estimados, e centrarão o "mundo" pessoal na figura de Jesus, com quem se pretende viver e a quem se deseja encarnar: "Vivo eu, já não sou eu; é Cristo quem vive em mim". Este viver produz um gozo e uma alegria desconhecidos; a morte conduz à Ressurreição. Entregar-se não é morrer, mas lucrar a própria vida.

4. OS ELEMENTOS-CHAVE DO PROCESSO

Em todo este processo, existe toda uma série de elementos que convém levemos em conta:

4.1. *A própria vida da pessoa*

a) A sua história, que nos fala dos sentimentos e reações dela perante os acontecimentos e as outras pessoas; b) Os seus valores, aquilo que motiva, neste momento, as suas atuações, quer dizer, os seus desejos, esperanças... Tudo isso nos descobre a própria *psicologia ou forma de ser.*

4.2. *O nível ou grau de identidade cristã*

Cada pessoa possui uma bagagem de conceitos, idéias, sentimentos, tradições etc., que é aquilo que nela define o "ser cristão".

Umas vezes, será adequado; outras, será mais rotineiro ou menos estruturado e classificado, misturando o evangelho com um sedimento ou lastro pesado e difícil de se marcar.

4.3. *A possibilidade de reflexão*

Se uma vida quer se confrontar com o evangelho, para a ele se conformar, precisa de um *tempo* para:

a) *Reconhecer-se a si próprio,* nos atos da vida cotidiana: naquilo que fez, pensou e sentiu há apenas umas horas.

b) *Lembrar os valores do evangelho,* purificando e esclarecendo aquilo que, no seu interior, compreendia e "tinha" como cristão.

c) *Comparar e avaliar o grau de adequação* que existe entre os valores que definem o Reino de Deus e a vida pessoal.

4.4. *A capacidade de reflexão*

Não se trata unicamente de tempo; precisa ter *capacidade para estar a sós* consigo mesmo e com Deus. Capacidade de se perceber a si mesmo tal como a gente é: com as coisas boas e não tão boas, com a luta que existe no nosso interior.

4.5. *Capacidade para aceitar, sem desanimar,* o enfrentamento entre o "ser *pensado*" e o "ser *sentido*", sem que isso produza escândalo nem rejeição, mesmo que se enxergue muito longe e distante. Confiando sempre no trabalho da graça que nos foi oferecida como força sempre presente, ao lado dos instintos da pessoa.

4.6. *A sensibilidade para ter e detectar sentimentos e emoções.*

5. A ORAÇÃO: VIDA E CONTEMPLAÇÃO

Todos estes elementos se unem naquilo que chamamos TEMPO DE ORAÇÃO, que é um tempo dedicado ao confronto entre o *que somos* e o *que queremos ser.* Nem sempre temos claro aquilo que somos, porque debruçar-se sobre a própria vida é dilacerante, dado que nos coloca perante o nosso próprio eu despido, sempre que o contemplarmos em todo o seu realismo. São possíveis muitas formas de *evasão*: a justificação dos próprios erros, o lançar a culpa sobre os outros ou a depressão inoperante diante da própria debilidade. O que precisa, porém, de maior dedicação é o conseguir clareza sobre aquilo *que devemos ser.*

Ao redor destes dois pólos, gira a atividade da oração; umas vezes, será maior a insistência *no contemplativo,* a fim de aprofundar e assimilar aquilo que o evangelho nos propõe como caminho de vida; outras, a capacidade de compreender deverá *centrar-se nos atos,* a fim de decifrar aquilo que eles manifestam da nossa personalidade. Nos dois casos, será útil não deixar fora da consideração nenhum traço ou aspecto. Deste modo, o evangelho tornar-se-á próximo e familiar; a sua hierarquia de valores não só será conhecida, mas também aceita; especialmente a figura de Jesus ficará engrandecida, tornando-se mais próxima e delimitando a meta de nossa vida. Este conhecimento não será puramente teórico, como de alguém que aprende um programa escolar, contanto que transfiramos as passagens evangélicas para as circunstâncias presentes e que nos perguntemos: "O que faria Jesus em circunstâncias como as minhas? quando é que Ele atuou deste modo ou neste ou naquele momento? o que é que as palavras dele pretendiam dizer então e agora?"

Este *conhecimento sentido e aplicado* é a "pauta" que posso aplicar à minha vida, à minha história presente ou recente, a fim de descobrir o que nela existe em concordância com o evangelho e que ainda falta percorrer. Estas descobertas devem ocasionar dois tipos de sentimentos: a) de ação de graças, ao reconhecer a força, a bondade do Senhor, ao me ajudar a responder ao seu chamado; b) de petição de perdão, pelas resistências oferecidas, pela falta de generosidade etc.

Deste modo, a vida se torna *lugar de encontro com Deus,* por ser o lugar privilegiado da revelação da ação dele na pessoa, vencendo as resistências e limitações próprias, e dando ocasião para reconhecer aquilo que somos.

6. DUAS ORAÇÕES COMPLEMENTARES

Embora os dois pólos mencionados devam estar presentes em qualquer tipo de oração, é conveniente, contudo, ter presente que existem dois tipos de oração em que se dá preferência a um ou ao outro aspecto. Naquilo que chamamos de "ORAÇÃO SOBRE A VIDA" (ou Avaliação cotidiana),[1] dá-se maior lugar ao acontecer

1. C. GARCÍA, *Comunidades de Vida Cristã (CVX). Espiritualidade Inaciana para leigos.* Edições Loyola, São Paulo, 1986, pp. 47-51.

diário. Nos momentos que chamamos de "ORAÇÃO PESSOAL",[2] o espaço central está marcado pelo trecho do evangelho ou o texto das Cartas de S. Paulo etc. No primeiro caso, é a vida quem sugere ou convoca os valores do evangelho, como elemento de apoio para a descoberta do seu sentido. No segundo, o texto evangélico ocupa o centro da atenção, tanto para a sua compreensão e assimilação como para as aplicações à vida que podem ser feitas a partir de seus ensinamentos.

O primeiro tipo de oração é mais imediato, cotidiano; não permite que as coisas se esqueçam ou se enquistem; propicia uma compreensão mais dinâmica e sensível daquilo que a vontade de Deus quer imediatamente da pessoa. O segundo tipo é mais profundo, alicerça a mudança de atitudes e a conversão, na medida em que procura uma assimilação do evangelho e dos seus valores; torna mais viva e sentida a figura de Jesus; adianta atitudes e, especialmente, faz uma leitura mais repousada e serena da história pessoal, a fim de descobrir as linhas do chamado de Deus, ou para avaliar e compreender a presença de Deus na vida de cada um.

As duas orações são complementares, reforçam-se mutuamente e podem ser intercambiáveis, embora não devamos perder a riqueza com que cada uma delas contribui para a pessoa.

Vamos estudar estas qualidades, num caso concreto. Suponhamos que a matéria que constitui o tema da oração da semana é a passagem do cego de Jericó.

6.1. *A Oração Pessoal* poderá ser dedicada a:

1) *Conhecer a figura de Jesus*: seus sentimentos e reações perante o cego e a multidão.

   — *Aprofundar os valores* que destacam no texto de Marcos.
   — *Compreender o significado* desse cego, tal como o evangelista no-lo apresenta.

2) Aplicar estas idéias à vida prática da pessoa:

   — *Assimilar os valores* de Cristo e fazer com que vão se incorporando à minha hierarquia de valores.

---

2. Cf. C. GARCÍA, *Comunidades de Vida Cristã (CVX) — 2. Subsídios para a iniciação*, Edições Loyola, São Paulo, 1987, pp. 13ss.

— *Descobrir, na história pessoal,* onde, como e por que as ações da pessoa ficaram distantes ou contrapostas a esses valores.
— *Conhecer os diferentes tipos de "cegueira"* que sofremos e os remédios para eles.

6.2. Pelo contrário, os momentos que cada pessoa dedicar à *Oração sobre a Vida* (avaliação cotidiana) permitir-lhe-ão descobrir:

1) Onde e quando se comportou como um "cego", no dia que transcorreu:

— *Não soube aproveitar* este ou aquele momento para aproximar-se, compreender, ajudar... aquele que precisava.
— *Foi cego para descobrir* que, nesta ou naquela ocasião, se apresentava um chamado do Senhor, para crescer na disponibilidade, confiança, abertura...

2) Em quais ocasiões sentiu *perto a presença de Jesus* e como respondeu a ela:

— Campos onde é maior a sensibilidade pessoal.
— Sentimentos tidos nesses momentos.

3) Como descobriu a sua situação atual (análise dos sentimentos experimentados): *O que é que o Senhor me pede agora.*

— Estado geral em que transcorreu o dia todo: alegria, contentamento, pena, dor...
— Mudanças experimentadas: rápidas ou lentas; fatos ou pensamentos que me fizeram mudar; profundidade dessa mudança experimentada.
— Reações perante essas mudanças: evasão, mau humor para com todos os que me rodeiam, isolamento, enfrentar o fato com todas as suas conseqüências...
— Objetivação:

* Que coisas me custam; o que é mais urgente; que coisas me produzem desejos de atuar...
* Olhado de um outro ângulo: onde estão as minhas *resistências,* os meus *"bons desejos",* a causa da *alegria e contentamento,* aquilo que cria em mim uma *"má consciência"* etc.

3

A INTEGRAÇÃO EVANGELHO-VIDA

Segundo meio: a reunião de comunidade

Uma Comunidade não é um papo informal nem uma conversa de café; também não é uma aula, à qual vamos para aprender o que o outro ensina. No primeiro caso, a conversa é totalmente informal; cada um diz aquilo que, de momento, lhe ocorre, sem nenhuma preparação anterior, sempre seguindo o fio da meada das intervenções anteriores, sem nenhum programa traçado e sem esperança de que aquilo que se diga toque ou interpele a vida de qualquer dos participantes. A aula, pelo contrário, é o rígido e acadêmico; existe um tema, um esquema prefixado, uma exposição coerente e exaustiva, que vai até as últimas conseqüências do tema. Pode ser muito ou nada interpeladora, de acordo com a oportunidade da escolha do expositor; e pode atingir uns poucos ou muitos. As intervenções têm como finalidade esclarecer a compreensão do que foi exposto ou manifestar as relações que o assunto tem com outros aspectos da vida; inclusive se pode chegar a marcar as aplicações práticas que possui para a vida, mas sempre a critério de quem fala.

Também não é uma equipe de trabalho, à qual se pede a solução de alguns problemas práticos ou a programação de certas atividades. Aqui é primordial a eficácia e coordenação de forças, a capacidade para tomar decisões que afetem a todos os componentes do grupo, em relação a suas atividades externas, as quais podem ser coordenadas e programadas a partir da equipe.

Uma Comunidade, nas suas reuniões, tem uma finalidade diferente; incide sobre a vida de cada um dos seus membros e sobre as relações entre eles, a fim de conseguir um crescimento pessoal e grupal que permita torná-los mais aptos para o serviço da sociedade e das Igrejas nas quais eles se encontram imersos.

A transformação pessoal de cada um dos membros, pode-se conseguir de modo solitário? Pode existir aquilo que, tantas vezes, foi chamado de espiritualidade "individualista"? É opcional, para cada cristão, escolher entre um tipo de espiritualidade individualista ou comunitária?

No capítulo anterior, falávamos da oração; dá a impressão de que uma pessoa que realizasse tudo o que lá se dizia poderia progredir e amadurecer na sua vida cristã. Não precisaria de mais nada!

Creio que o fato de que tudo o que foi dito antes seja necessário não quer dizer que baste e seja suficiente. Quem fizer a sua oração pessoal e a sua oração sobre a vida já faz muito: assimila valores do evangelho, conhece a figura de Jesus, confronta tudo isso com a própria vida e pode aplicar muitos elementos... mas quem *confirma* todo o seu processo de crescimento? quem serve de contraste para a sua própria subjetividade? quem lhe oferece uma ampliação de seus horizontes? e, sobretudo, *quem o ajuda a DISCERNIR os apelos que o Senhor lhe faz cada dia*?

Esta é a função da reunião da Comunidade:

* Colocação em comum daquilo que cada um orou, durante a semana.
* Sessão de escuta e expressão pessoal.
* Confronto da experiência própria com a dos outros.

A finalidade das reuniões deve ser contemplada na sua plurivalência de modo que, em cada etapa de amadurecimento da Comunidade, se insista em um ou outro aspecto ou naqueles que sejam mais adequados às necessidades do grupo.

1. CONHECIMENTO PESSOAL

O conhecimento pessoal é um elemento básico de toda Comunidade; é necessário para começar a caminhar, pois a diferencia de um grupo estruturado em forma de coletividade, em que cada pessoa é um ser sem rosto. Esse conhecimento se apóia no grau de participação na vida pessoal que cada um concede aos outros. É um objetivo que, nos começos do grupo, deve ser primordial sobre todos os outros.

A resistência que o ser humano oferece a se revelar perante os outros e a deixar que os outros penetrem nele está ligada a um comportamento de preservação da própria imagem; por isso, é algo a que nos apegamos desconsideradamente. Mesmo com a maior boa vontade, pretendemos passar na frente dos outros com as mais variadas imagens, sem excluir a de aparecermos pior do que somos... contanto que o verdadeiro rosto permaneça oculto.

Por isso, é muito freqüente que as comunicações sejam tão teóricas quanto possível ou que se desviem para as preocupações da atualidade econômica, social, trabalhista, religiosa, legislativa etc. Mil subterfúgios para ocultar aquilo que foi a própria vida, durante essa semana, ao entrar em contato com a passagem evangélica que deveria dar o rumo e a orientação.

Se a reunião da comunidade se centrar naquilo que constituiu a atividade orante do sujeito, quer dizer, nos fatos que aconteceram, nas reações que suscitaram, nas reflexões que o evangelho lhe provocou, nas conclusões a que chegou, estará dando a *imagem real e verdadeira do seu ser cristão hoje.* Estará entregando-se aos seus irmãos, sem reservas, sem encobrimentos nem falsidades, tal qual ele é.

Esta pessoa pode ser conhecida pelos outros, nas suas falhas e nas suas virtudes; poderá ser acompanhada pelos outros no seu processo de amadurecimento cristão, e ajudada na procura do caminho que o Senhor lhe for pedindo. Para essa pessoa, aliás, será fácil conhecer-se mais profundamente a si própria, pois pode comparar as suas reações, os seus modos de ver as coisas e as suas exigências com os que são expressos pelos outros; pode descobrir as suas falhas, ao vê-las reproduzidas nos outros. É mais fácil reconhecê-lo primeiramente nos outros e, ao mesmo tempo, ser tolerante e compreensivo para com eles, preparando-se assim para dar mais tarde o salto em direção àquilo que diz respeito a si próprio.

Desta forma, produz-se um movimento de vai-e-vem entre o conhecimento dos outros e o conhecimento próprio.

2. COMPREENSÃO E AJUDA

Além de acrescentar o conhecimento próprio, a comunidade facilita a aceitação de si mesmo. Quando as pessoas se reúnem com uma intenção, o que custa mais reconhecer, em qualquer grupo, são as próprias limitações e falhas que incidem sobre o aspecto central, motivo do encontro. Nas Comunidades cristãs, o motivo da união está em conseguir a maior integração possível entre o evangelho e a vida; o que aparece com maior dificuldade, portanto, é ter de confessar que a gente não foi capaz de chegar lá onde se propusera, dentro do objetivo central.

Mas uma Comunidade cristã não é uma Comunidade "angelical", e sim formada por pessoas de carne e osso, afetadas pelo cansaço, o mau humor; traídas pelos nervos... abrumadas por mil inquietudes que demarcam a vida cotidiana... "O justo cai sete vezes..."; "o que acontecerá com os que ainda não são 'justos'...?" O Senhor teve de lembrar a Pedro qual era o limite do perdão:

— "Quantas vezes deverei perdoar? sete vezes?...

— Sete vezes? não!; setenta vezes sete!" (Mt 18,22).

Uma Comunidade perdoa sempre, porque conhece a realidade de seus membros; sabe dos seus esforços e esperanças, mas também é consciente de suas debilidades. Deste modo, começa a ser "sacramento de reconciliação", para todos os seus membros; têm palavras de apoio e estímulo para aquele que fracassa na sua vida pessoal ou familiar ou para aquele que se sente agobiado perante a responsabilidade na sua missão apostólica. Desta forma, converter-se-á nessa *imagem concreta* (encarnação) *do amor de Jesus* por todos e cada um daqueles que formam a comunidade (Jo 8,10-11):

— "Ninguém te condenou?

Ela respondeu:

— Ninguém, Senhor.

Jesus concluiu:

— Pois nem eu te condeno. Vai e de agora em diante não tornes a pecar".

Na comunidade também existem as alegrias de poder compartilhar os acertos próprios e os dos outros. A graça do Senhor frutifica em nossas vidas, em muitas ocasiões; torna-nos capazes de sermos imagens de Jesus, no meio que nos rodeia, "homens para os outros", especialmente para os que se encontram privados dos níveis mínimos, tanto materiais quanto afetivos, e que estão mais marginalizados na sociedade.

É Jesus quem volta, de novo, aos homens, pedindo emprestados os nossos lábios, corações, braços etc. A sua presença, que transparece naqueles que souberam responder ao convite que o Senhor lhes fez interiormente, é celebrada pela Comunidade, como alegria e contentamento, ao reconhecer, de novo, que Cristo vive!, e por isso dão graças ao Pai.

O perdão e a ação de graças partilhados por todos dentro da Comunidade são indicadores "quase-sacramentais" da presença permanente de Jesus na sua Igreja: "Não temais, eu estarei convosco sempre!"

3. ILUMINA A MISSÃO

A Comunidade se torna mais necessária quando cada pessoa pretende achar o lugar próprio e específico onde exercitar a sua vocação de cristão. Ser cristão supõe ter recebido o evangelho, tê-lo integrado na própria existência; mas também implica o ser evangelizador: transmissor da mesma "Boa nova" que mudou a própria vida. É claro, porém, que isto constitui a "tarefa"; e que não basta dizer que isso deve ser feito sempre e em toda a parte. É certo, mas não é suficiente, pois o homem somente se encontra, cada vez, num lugar, e está lá onde vai e quer ir, não precisamente nos outros lugares.

Ele deve escolher *onde estar*. Não é indiferente a um ou ao outro lugar e, às vezes, não é fácil concretizar esse lugar. O leigo não tem obediência a ninguém (mesmo que a tivesse, isso não o eximiria de uma procura pessoal); pelo contrário, ele tem muitas relações estabelecidas e umas tradições que não são fáceis de superar. Por tudo isso, o processo de discernimento é o mais característico de uma Comunidade e a ajuda que ela dá, na hora de tornar realidade a missão das pessoas que a formam, é totalmente decisiva.

Quando afirmamos a pretensão de integrar Evangelho e Vida, não estamos aludindo apenas a uma conversão interna ou espiritualista, que influencie as idéias ou formas de pensar, mas — dando isso por suposto, como passo prévio — às conseqüências reais e tangíveis que essa integração comporta na vida prática. Não seria válido compreender a integração Evangelho-Vida como um conjunto de idéias ou conhecimentos, tão estruturados e exatos como se quiser, mas sem que a conduta mude de algum modo. Esta mudança poderá afetar, em primeiro lugar, a forma de cada um se relacionar com o seu próximo, dentro dos círculos mais estreitos: familiares, trabalhistas (escolares), de amizades etc. A pessoa, porém, deverá crescer, cada vez mais, na inserção em outros círculos mais amplos, aos quais o cristão também está chamado, e que podem ser: a Comunidade cristã paroquial, diocesana... ou a Comunidade civil: associação de bairro, município etc. Este segundo círculo implica um esforço em que não é suficiente ter presente a relação pessoal com o "outro" ou os "outros"; precisa despojar-se das intenções ou interesses pessoais, a fim de situar-se, em todo momento, na defesa daqueles que estão mais privados ou despossuídos dos bens necessários.

Para *estar*, portanto, nestes lugares é necessária uma ajuda contínua e próxima, tanto para discernir o como chegar lá, quanto para se desenvolver neles com retidão plena. A "vida pública" do cristão deve ser regida por um desejo de SERVIÇO *desinteressado e eficaz*, que só poderá ser avaliado na proximidade e na intimidade daqueles a quem são comunicadas as verdadeiras e reais razões do agir; as falhas sofridas; a realidade dos acertos... Unicamente os que têm acesso a essa intimidade podem chegar a sustentar e incentivar aquele que deve navegar entre os escolhos que nascem do próprio egoísmo: limitação, covardia, vaidade..., e aqueles que são levantados pelos que desejariam utilizar o lugar para o seu próprio proveito. Diante da incompreensão dos "descontentes" e "invejosos", a Comunidade compreende, anima e estimula; perante os erros da fragilidade própria, a Comunidade perdoa, discerne caminhos, esclarece atitudes e marca horizontes.

Existe, contudo, um terceiro círculo (sempre "terceiros"... eles...): trata-se do mundo dos mais deserdados de bens, que o Senhor nos entregou, para partilharmos com eles, como irmãos e filhos seus; o mundo da marginalização e da pobreza extrema. Também aqui há um terreno de missão, ao qual a Comunidade deve prestar atenção, a fim de ajudar as pessoas que a formam a encontrar a sua própria missão. Não são círculos excludentes, nem círculos de mais ou menos; cada pessoa deve saber qual é o seu carisma: a sua sensibilidade perante os problemas e sua capacidade de dar resposta adequada às necessidades que se apresentam.

É preciso descobrir o próprio carisma, mas também propiciar a presença e o conhecimento de tudo o que afeta a vida real, sem excluir nada "a priori", e sem se fechar em cômodas posturas. A função, portanto, da Comunidade estará dirigida a:

a) tornar presentes, na Comunidade, todos os problemas e necessidades que se manifestem neste círculo;
b) tornar alguns membros da Comunidade presentes a esses problemas, de forma que se dê um contato vital entre eles;
c) discernir quem pode realizar atualmente as tarefas de serviço que possam ser prestadas; e
d) possibilitar a aproximação física de todos a estas necessidades, a fim de que se crie uma corrente afetiva cordial de toda a Comunidade em direção às exigências mais urgentes. . .; diz o ditado popular que "olhos que não vêem, coração que não sente".

Às vezes, este círculo pode ser ampliado para além das fronteiras da nação ou do continente. . .; para isso, poderão ser aproveitados todos os tipos de contato e experiências com outras Comunidades.

Segunda Parte

REUNIÕES PARA O CRESCIMENTO DA COMUNIDADE

4

Primeira reunião:

"CRIAÇÃO E ELEIÇÃO"

Princípio e Fundamento (EE. 23):

"O HOMEM **É CRIADO**"

"Agora, assim fala JAVÉ QUE TE CRIOU, ó Jacó; AQUELE QUE TE FORMOU, ó Israel!

Não temas: eu te resgatei!

CHAMEI-TE PELO NOME, ÉS MEU.
Se passas nas águas, estou contigo,
e nos rios, eles não te submergirão.
Se atravessas o fogo, não te queimarás,
e a chama não te consumirá.

Porque SOU JAVÉ, TEU DEUS,
o Santo de Israel, teu salvador.

Eu dou o Egito por teu resgate,
Cuche e Sebá em teu lugar.
Pois ÉS DE VALOR aos meus olhos,
és preciso e Eu te amo.
Também dou homens em troca de ti,
e povos, em resgate de tua vida.

Não temas, estou contigo.
Do Oriente farei chegar tua estirpe,
desde Ocidente Eu te reunirei.

Ao Norte direi: 'Dá',
e ao Sul: 'Não o retenhas'.
Faze vir meus filhos de longe
e minhas filhas dos confins do orbe:
TODOS OS QUE TRAZEM MEU NOME
E QUE CRIEI PARA MINHA GLÓRIA,
QUE FORMEI E QUE SÃO MINHA OBRA."

(*Is* 43,1-7)

"Assim fala Javé, TEU REDENTOR,
QUE TE FORMOU DESDE O SEIO MATERNO:

'SOU EU, JAVÉ, QUE FIZ TODAS AS COISAS,
o único que desdobrou os céus.
Firmei a terra.
Quem me ajudou?' "

(*Is* 44,24)

REFLEXÃO DE GRUPO

SOMOS DE VALOR AOS SEUS OLHOS

1. Quando lemos este texto de Isaías, percebe-se, uma vez mais, a dialética indivíduo-comunidade. O povo de Israel sentia-se chamado pelo próprio nome e, ao mesmo tempo, cada um dos seus membros escutava as palavras do Senhor referidas a si próprio. Deus cria a pessoa dentro de um povo, de uma família... para esse povo e essa família. Não existem planos de separação. Podemos aplicar essas palavras a cada um de nós e à nossa Comunidade: Ele nos criou, nos formou... (v. 1).

Conhece todo o nosso ser individual e coletivo; nossas qualidades e nossos defeitos, assim como nossas atitudes e julgamentos sobre os outros membros da nossa Comunidade e do ambiente social em que nos desenvolvemos. Nada está oculto ao seu olhar, porque tudo foi feito, formado por Ele. Este conhecimento não é inquisitorial; não se trata de sentir o olhar dele sobre mim, sobre nossa Comunidade, como um olho de "espião", intrometido ou acusador, mas antes pelo contrário. Conhece-me e conhece-nos porque Ele nos fez; porque Ele foi colocando, uma por uma, cada peça da nossa engrenagem; pensou em cada um de nós e no conjunto. Por isso, diz: Não temas, Israel...!; não temas. Comunidade!: Chamei-te pelo nome. Perante o Senhor, não existem números de série, não há anônimos. Cada um de nós tem um nome, esse nome que somente Ele conhece, e um sobrenome: "DE DEUS".

2. O homem, cada um de nós, cada um dos nossos grupos ou Comunidade, deve passar, ao longo de sua história, por situações muito diferentes: "Se passas nas águas... se atravessas o fogo..." Todos os acontecimentos de nossa vida, desde os refrescantes até os mais abrasadores... e, em todos eles, há algum tipo de perigo escondido. O agradável, o triunfal... nos faz baixar a guarda, nos despreocupar, crer que somos invencíveis, capazes de qualquer coisa... quem pensa então que podem chegar momentos ruins? Desfrutar alegria... "tudo é cor de rosa"! Pensamos que isso é devido ao nosso esforço, aos nossos méritos... fizemos tudo "sozinhos"... até nos esquecermos d'...Ele! E o nosso grupo ou Comunidade? Quando as coisas vão bem, quando todos nos entendemos e queremos, quando ninguém se atreve a discrepar, todos pensamos a mesma coisa... É a melhor das Comunidades! Nesses momentos, quem lembra a Comunidade vizinha?, quem pensa nos pobres que se debatem na inutilidade de um esforço ou na impotência de umas circunstâncias terríveis...?

Mas, quando chegam as coisas "atravessadas", quando o horizonte se nubla e é preciso passar as horas amargas de um fracasso, uma doença, uma marginalização, ou a crise de uma reunião ou de umas incompreensões... o céu vem abaixo. Não sabemos o que se passou, nem como pôde acontecer isso a nós... é possível que tudo rua tão de repente?

O Senhor nos diz: NÃO TEMAS...! Eu estarei contigo! Não diz que vá eliminar as coisas desagradáveis, nem que pretenda mudá-las de sentido... Eu estarei contigo. A sua presença é contínua, permanente. E a sua força será a nossa força. Nada nos vencerá; nada me fará duvidar, nem a nossa fé vacilará: Ele está conosco!

3. Muitas vezes, nos vem a dúvida e a inquietude... examinamo-nos... o que encontramos? Somos tão pouca coisa... temos tão pouca resistência! Olhando ao nosso redor, o que vemos?

Uma Comunidade formada por pessoas mais ou menos como nós... nelas, percebemos os defeitos com maior facilidade... O que o Senhor pretende fazer com *isto*? Será que não errou? Essa história de eleição..., de que estamos aqui por um chamado especial dele... não é algo excessivo, um tanto presunçoso?

"Eu dou o Egito por teu resgate, Cuche e Sebá em teu lugar. Pois és de valor aos meus olhos, és precioso e eu te amo..."

As nações maiores, as mais ricas, as mais poderosas... todas elas estão colocadas na balança, para serem comparadas ao povo eleito. As três juntas sobem como uma leve pena, aos olhos do Senhor pesam menos. Para Ele não significam nada nem o ouro nem o marfim nem as ricas fazendas e brocados; também não os edifícios, nem o número de escravos. Para que é que o Senhor quer *isso*? Trata-se de comprar a vontade dos homens? De dominar pela força? Quem é que o Senhor escolhe? Aqueles que não podem pôr a sua confiança em nada disso. Aqueles que não acham em si próprios motivos de vaidade ou de orgulho... aqueles a quem o amor criador e salvador do Senhor é capaz de SURPREENDER... e de enchê-los de admiração. Aqueles que experimentam a GRATUIDADE.

O Senhor não errou. Não lhe saíram mal os "filhotes", nem o barro lhe queimou no forno. Somos assim, e assim Ele nos quer: capazes de sentirmo-nos queridos e escolhidos por Ele. Não existe motivo para os pessimismos nem para os derrotismos.

Se, aos olhos do Senhor, somos de valor e preciosos, pode caber uma outra avaliação? Gostaríamos, por acaso, que houvesse um "reconhecimento" também da parte de outras instâncias?

Importamo-nos com a avaliação do amigo, do companheiro de escritório, da esposa, dos filhos, do marido...?; ou estamos preocupados com a imagem que de nós têm o pároco, o diretor do Centro, os assessores, os outros grupos ou comunidades? Não se trata de procurar uma imagem ruim... em todo instante, devemos procurar ser para a "GLÓRIA do Senhor, que nos fez e nos formou", pois levamos o seu nome e estamos constituídos para sermos luz colocada sobre o candieiro e não sob o alqueire. Não devemos, porém, cair nessa tentação de *procurarmos* essa aprovação. Somos dele, feitio de suas mãos, criados para a sua GLÓRIA.

ORIENTAÇÃO DE VIDA

1 — Vivo todos os acontecimentos da minha vida, agradáveis ou desagradáveis, dentro da CONFIANÇA e da SEGURANÇA da presença do Senhor? Descobri, nesta semana, algum sinal da presença de Deus?

2 — A minha Comunidade me ajudou a descobrir, em algum momento, a SEGURANÇA do chamado do Senhor? Agradeço o dom da vida?

3 — Senti maior facilidade para me aproximar do Senhor? Encontro alguma resistência para sentir Deus tão próximo? Avalio de forma nova aquilo que me rodeia e me acontece, ao descobrir o sentido da minha vida?

TESTEMUNHO

"Cremos em Deus ou naqueles que nos falaram d'Ele?

Crer em Deus supõe... NÃO reunir notícias, dados sobre a religião, MAS termos encontrado uma pessoa viva; ter havido um contato, conversão, movimento em direção a ela.

A conversão mais difícil é a do interior de nossa religião: *renovar*, já desde os primeiros passos, as nossas idéias sobre Deus e, após sacrificá-las, *renunciar* a tudo aquilo de que estávamos saturados: o sistema todo, corroído pelas traças, que o Senhor vai fazer saltar pelos ares, a partir do momento em que seguirmos a Jesus, em que nos decidirmos a acreditar em Deus, no verdadeiro Deus, no Deus vivo; então deveremos renunciar de vez a tudo, escandalizarmos o mundo..."

Louis ÉVELY,
... *Tu és esse homem,*
Editora Agir, Rio de Janeiro, 1962

5

Segunda reunião:

"SER AMIGO DE DEUS E DOS QUE SÃO D'ELE"

Princípio e Fundamento (EE. 23):

"O HOMEM É CRIADO PARA LOUVAR..."

"Pois sempre tens à disposição magnífico poder,
quem resistirá à força do teu braço?

O mundo inteiro diante de Ti
é grão de pó na balança,
gota de orvalho matinal sobre o chão.

Tens compaixão de todos porque Tu és onipotente
e fechas os olhos aos pecados dos homens
para que se arrependam.

Sim, amas todos os seres
e não sentes aversão por nada do que fizeste;

pois se o tivesses odiado, não o terias feito.
E como subsistiria uma coisa
se a não quisesses?
Como existiria
se não a tivesses chamado?

Tratas tudo com amor porque tudo é teu,
Senhor, AMIGO DA VIDA!
Pois teu sopro incorruptível está em tudo."

(*Sb* 11,21-12,1)

REFLEXÃO DE GRUPO

O SENHOR SUSTENTA A SUA APOSTA POR NÓS

As nossas ações, até as mais criativas, como a criação artística ou a paternidade, estabelecem uma distância entre o artista (ou os pais) e a obra realizada. Esta obra adquire uma vida nova, mas uma vida separada e distante: os pais vão olhando (com pena?) o crescimento dos filhos, porque estes, enquanto vão sendo, cada vez mais, "eles próprios", tornam-se... "menos deles"; o filho ganha autonomia, não conta com os pais, decide por si mesmo... O artista coloca toda a sua ilusão em levar à tela ou à matéria a sua idéia, expressão... vê tudo dentro de um contexto, como parte de um conjunto... e assim o entrega a quem lhe fez a encomenda; depois vêm os desenganos, os sofrimentos... é triste ver a pintura estocada num porão úmido, ou uma escultura coberta de poeira... não foram acordados do seu nada para voltar a ele como uma tentativa inútil e vazia de conteúdo. É tão triste e doloroso como essas acusações estéreis e cruéis de filhos que não souberam negociar a sua independência e recriminam os pais pelo que deveria ser um motivo de agradecimento: ter cortado o "cordão umbilical" que prolongava inutilmente uma infância saudosista e ególatra.

Em Deus isso não pode acontecer. Uma corrente cálida e profunda nos envolve e dá vida às criaturas, constituindo a atmosfera da FAMÍLIA de Deus.

1. Em primeiro lugar, é muito reconfortante escutar os dois primeiros versículos (21 e 22) do trecho que citávamos; eles nos situam no verdadeiro caminho de sabermos quem somos, donde viemos, qual a nossa origem. Ajudam-nos a formar um sentimento da grandeza de Deus: "...poder... força". Basta olharmos a natureza, "obra de tuas mãos", para contemplarmos essa maravilha: a tremenda grandeza de uma tormenta ou a simplicidade de uma gota de orvalho, que pende de uma insignificante teia de aranha, ao amanhecer. Sempre está ao teu alcance o fazer-te compreender pelos olhos que querem enxergar-te!

"...O mundo inteiro diante de Ti
é grão de pó na balança,
gota de orvalho matinal sobre o chão..."

Todo o esforço que o homem está a fazer nas últimas décadas permite chegar a descobrir a imensa grandeza de um universo... com os seus milhões de anos-luz... a existência de conjuntos nunca suspeitados de estrelas que caminham quebrando-se, reagrupando-se... nuns processos em que a imaginação não consegue penetrar e tem de se dar por vencida e se expressar na terrível frialdade das equações. Um mundo no qual não fizemos outra coisa senão adaptarmos a nossa ousadia de crianças que escutam com receio as histórias de viagens planetárias... Dentro desse mundo, a nossa terra, com o seu aspecto azul, flutua como algo insignificante. Tudo está perante Ti...! Tu o conheces, Tu o formaste.

E se do grande formos para o pequeno... encontraremos um mundo tão apaixonante como o outro... cada ser vivo... cada pé da erva do campo ou cada músculo do mais esquecido gafanhoto são um conjunto harmonioso de tecidos, onde atuam milhares ou milhões de células diferentes, com uma coordenação e ordem perfeitas, para que, em todo momento, se produza um crescimento, um movimento exato. No meio, estamos nós; interseção entre o grande e o pequeno; encruzilhada de dois mundos que se tornam compreensão, canto, admiração no silêncio do homem. Somos capazes de admirar a grandeza de quem colocou tudo isto diante de si. Senhor, Tu és grande... por isso, eu canto as tuas maravilhas...!

2. Se a grandeza do Senhor supera a nossa imaginação; se não podemos nos aventurar a imaginar aquilo que acontece nos "buracos negros" nos limites do universo conhecido, ou se nos sentimos incapazes de chegarmos a penetrar nas relações das pequenas partículas e de seus orbitais de energia, existe um sentimento que se encontra na proximidade de todo ser humano: a compaixão.

Compadecer-se daquele que sofre, de quem vemos abaixo de nós, vítima da doença, da fome, da injustiça... É como um apelo à reserva de humanidade que cada um de nós possui, e como uma batida na consciência segura e inalterável... Tu também podes ver-te... como hoje me vês! Posso, porém, compadecer-me daquele que me humilha, me injuria, me produz uma dor ou me contradiz? Não se trata de um sentimento correlativo?

Aquele que atua assim é rejeitado, afastado, odiado... ou, pelo menos..., quase beirando o heróico...!, marginalizado. Sim;

perdôo, mas não esqueço...! É possível compadecer-se de quem atua contra a gente? Do narcotraficante, do terrorista, do traficante de armas... daquele que semeia a morte em tudo quanto toca?

Não se pode perdoar a esses tais...! E temos mil argumentos para justificar a nossa (pequena?) sede de vingança, o nosso desejo de não sermos contados entre eles, de estabelecermos com clareza a linha divisória: "eles-nós"; os de fora e os de dentro... Sem chegarmos tão longe, não acontece isso também no interior de nossa Comunidade? Não fazemos pequenos "minigrupos": aqueles que me caem bem... aqueles que estão sempre com a mesma obsessão... aqueles que nunca estão "satisfeitos"... aqueles que... o quê? É que somos pequenos, anões...; é que, quando acreditamos que somos algo, que temos algo, que conseguimos algo... parece-nos que isso deve ser destacado, deve ser colocado no candieiro... para que todos o vejam!... mas é tão pouco, tão insignificante, que temos de apagar a luz ao redor... para que tudo fique às escuras... para que ninguém brilhe, nem seja querido ou estimado... para ficarmos a sós... E chega a Palavra do Senhor e nos diz:

"Tens compaixão de todos... PORQUE TU ÉS ONIPOTENTE".

Tu, sim, és grande de verdade... Tu te compadeces de todos..., daqueles que não querem ser teus filhos e daqueles que te dão as costas, daqueles que desejam seguir os teus mandatos e daqueles que se esquecem de Ti... Tu te compadeces de todos, da sua pequenez, dos seus esforços, da sua fraca memória, da sua miopia, da sua ignorância, da sua maldade... Porque nem uns, com a "sua" bondade, nem os outros com a "sua" malícia, poderão jamais chegar a fazer um pouco de sombra à tua INFINITA GRANDEZA... porque Tu és onipotente!

Porque "viras a cabeça", "fechas os olhos aos pecados dos homens..." Como é possível isto, Senhor? Não é o teu ofício saber e anotar tudo o que de ruim faz cada um? Não é injusto que desconheçamos aquilo de ruim que os homens fazemos? Como vais perdoar, se nem podes saber se existe arrependimento? É que o Senhor não olha... exatamente para ver se nos "arrependemos"! Procura, sim, que sejamos conscientes de que o seu amor é o mais desinteressado, de que não existe chantagem... de que é um amor total, completo, que dá LIBERDADE... quer dizer, que ama sempre, aconteça o que acontecer. Que espera sempre...! Quantas vezes escutamos: arrependa-se dos seus pecados, para que Deus o perdoe... E agora nos vêm dizer: Ele não olha os pecados dos homens para que se arrependam?... É que o amor, um amor como o d'Ele, arrasa. Dá sem exigir, sem pedir, sem passar fatura. Ama porque sim.

3. A razão está em que "amas todos os seres e não sentes aversão por nada do que fizeste".

Ama porque somos d'Ele, porque levamos o sopro incorruptível que Ele nos deu: a sua vida. Como vai esquecer algo onde Ele está? Para nós, é um momento de olhar para o nosso interior, a fim de sentirmos a nossa respiração e o palpitar do nosso coração. Estou vivo! Tenho a vida d'Ele, o seu sopro incorruptível! Temos de perceber esse dom incomensurável, do qual, às vezes, nos esquecemos... Deus não me quer! esqueceu-se de mim!... e o dizemos porque não ganhamos a loto, ou porque um filho não passou no vestibular, ou porque o meu pai não me deixa fazer aquilo de que gosto... como somos injustos com os dons do Senhor! Com o dom do SER...!

Ao mesmo tempo, deveríamos compreender o valor daquilo que nos foi dado. Foi colocada em nossas mãos uma luz inextinguível; uma luz, um fogo... o que estamos fazendo com ela?; e com as chamas que temos perto de nós? Sentimos que os nossos "próximos" e os mais distantes são também vida de Deus, que conservam a existência porque Ele se encontra atrás deles... que não existe nenhuma separação, que Deus não abandona aquilo que faz...? Fica! Por isso, dá a liberdade; por isso, se esconde e não se faz notar. É amigo da vida, conserva-a, sustenta-a, mas... DIFERENTE... não deseja um exército de autômatos, nem um jardim onde floresça uma única flor, uma só cor... quem resistirá ao peso de ter sempre na frente esse poder e essa força da sua presença? A aposta d'Ele é ainda mais ousada: está certo daquilo que criou, da força do amor silencioso e escondido, e não precisa forçar a ninguém.

Senhor, amigo da vida!... da minha vida... da vida dos homens, meus irmãos, que a todos sustentas na palma de tua mão e nos comunica a existência, quando respondemos ao teu apelo e quando nos afastamos de Ti...; dá-nos o contentamento e a alegria de te sentir no meio de nós e de celebrar com gozo a confiança que depositaste nesta humanidade, nesta Comunidade, em mim.

ORIENTAÇÃO DE VIDA

1 — Caí na conta da grandeza do Senhor, através de algum acontecimento desta semana? de alguma notícia?

2 — Experimento maior COMPREENSÃO-COMPAIXÃO, perante os outros, ao saber que o Senhor aposta em favor deles? Custou-me isso algo de concreto?

3 — Sou consciente do que significa o dom da vida? Pude vivenciá-lo, de algum modo, nestes dias?

4 — Sou pessimista? Otimista? Como me sinto "comigo mesmo"? Qual a razão desta "tonalidade" vital?

TESTEMUNHO

"Vieste à minha porta, com a aurora, cantando.
Eu me zanguei, porque me despertaste;
e não fiz caso de ti;
e foste embora.

Vieste ao meio-dia, pedindo água.
Eu me incomodei, porque estava trabalhando,
e te mandei embora, de mau humor.

Vieste à noitinha, com as tuas tochas flamejantes.
Aterrorizaste-me,
e te fechei a minha porta.

Agora, à meia-noite, sentado no quarto escuro,
chamo-te, para que retornes,
a ti a quem mandei embora com insultos!"

Rabindranath TAGORE
"Passagem", em *Obra escolhida*,
Ed. Aguilar, Madri, 1977 [11], p. 314.

6

Terceira reunião:

"A PRESENÇA DO SENHOR SE ENXERGA NO PRÓPRIO CORAÇÃO"

Princípio e Fundamento (EE. 23):

"O HOMEM É CRIADO... **PARA REVERENCIAR...**"

"Tu me sondas, Javé, e Tu me conheces,
Tu sabes quando me sento ou me levanto,
Tu discernes de longe o meu pensamento;
Tu percebes quando eu ando e quando me deito,
e todos os meus caminhos Tu bem conheces!
Pois minha palavra mal chega à minha língua,
que Tu, Javé, já toda a conheces!

Por todos os lados Tu me envolves e a tua mão sobre mim colocas.

O teu saber é maravilha que me ultrapassa,
que não posso atingir por ser tão alto.

Para onde iria longe do teu espírito,
para onde fugiria longe de tua Face?

Se eu subir aos céus, Tu lá Te encontras,
se eu descer ao Cheol, Tu aí Te achas!
Tomasse eu as asas da Aurora,

ficasse eu nos horizontes dos mares,
lá ainda tua mão me conduziria
e me iria lá pegar a tua destra.

Se eu disser: 'Que ao menos as trevas me cubram,
e que em volta de mim a luz seja noite',
as próprias trevas em nada Te são tenebrosas,
e como o dia a noite ilumina!

Os meus rins foste Tu que formaste
desde o seio materno Tu me teceste.

Eu Te celebrarei porque fizeste terríveis prodígios,
e as tuas obras são maravilhosas!

Tu bem conheces a minha alma,
e de Ti meus ossos não eram ocultos,

quando no segredo do seio materno eu fui formado,
como que tecido nas profundezas da terra.
Tu vias minhas fibras mesmo as mais íntimas,
em teu Livro todas as coisas estavam escritas.
Os meus dias estavam aí definidos,
antes que eles sequer existissem.

Quão difíceis me são, ó Deus, os teus pensamentos:
deles a soma toda é tão imensa!
Se eu contar serão numerosos,
mais numerosos que a areia dos mares;
e se de tanto contar ao fim eu chegasse,
ainda assim estaria lidando contigo!"

(*Sl* 139,1-18)

REFLEXÃO DE GRUPO

A PRESENÇA SILENCIOSA DE DEUS

No nosso interior, há uma necessidade profunda de sermos reconhecidos pelos outros; de nos fazermos notar. O pior que nos pode acontecer num grupo de amigos é passarmos inadvertidos, ocultos. Às vezes, acontece que, ao contarmos um acontecimento da nossa vida, comprovamos que outros de nossos interlocutores também estiveram lá... "então você também estava lá...? pois não o vi!". É como uma marretada com a qual desqualificamos um outro e o afastamos do caminho; ele deve ter pouca importância, se não se fez notar; pelo contrário, avaliamos as pessoas pelo impacto que causaram, pelo que delas se falou, pelas vezes que seus nomes apareceram no jornal; é isso que se costuma dizer dos "famosos": para o bem ou para o mal... o importante é que falem da gente!

Trata-se de uma necessidade de se sentir vivo, a fim de perceber a estima de si próprio. É como uma comprovação: se os outros me apreciam, me estimam... é porque, na realidade, valho alguma coisa, sou alguém...!

A presença de Deus é tão íntima, tão profunda e tão calada que até podemos duvidar da sua existência. Não temos por que pensar que aquelas pessoas que o não percebem, que não acreditam, são tão perversas e recalcitrantes que se obstinem em algo impossível. Se os agnósticos, os ateus... afirmam que não conseguem "ver", sentir a Deus, não será porque Ele quis entrar neste mundo tão nas pontas dos pés que não faz barulho? Ainda mais, até nós, os crentes, não explicamos os acontecimentos daqui embaixo, sem termos de acudir a Ele cada dois por três? Contudo, a fé nos leva a descobrir a sua presença em todo momento. Uma presença que não precisa chamar a atenção, que não força a liberdade do homem... aí estão os indícios, as pegadas:

"Só com sua figura
vestidos os deixou de formosura";

mas é preciso saber ler aquilo que se esconde atrás dessas realidades.

1. O Senhor nos sonda e nos conhece: está tão perto, tão dentro, que o não percebemos; Santo Agostinho dizia que está mais intimamente presente em nós do que nós mesmos. A nossa consciência não é capaz de perceber toda a informação que nos chega do exterior...; por isso temos de andar, com freqüência, recorrendo ao "inconsciente", quer dizer, a tudo aquilo que nos chegou causando impacto, mas não tanto para ser notado e sentido...; é tudo aquilo que "fura" por baixo da porta. Contudo, Ele percebe de longe os nossos pensamentos. Antes de que tivessem surgido nossos desejos ou sentimentos, já estavam claros perante Ele. Somos de vidro transparente, perante o seu olhar.

A atividade toda: caminho e descanso. De novo, o estilo dos salmos apresenta-se definindo uma totalidade com os extremos. Caminhar é ação, movimento; descansar é quietude, repouso. As ações do homem são familiares ao Senhor; Ele distingue perfeitamente essas ações e, consqüentemente, as suas motivações; as razões do nosso agir.

Com a palavra, o homem se expressa a si próprio: puxa o seu interior para fora e o apresenta aos outros. Ela exprime aquilo que somos. Ao menos, deveria ser usada assim, pois é o principal instrumento de que dispomos para isso. Aos outros os podemos confundir e até enganar, porque a palavra é um desafio à confiança do outro, dado que não possui nenhuma comprovação. Para o Senhor, a nossa palavra não é aquela que sai da boca... mas a que chega a ela... a que sai com a verdade e aquela que é retida; a que manifesta aquilo que somos e a que manipulamos, para ocultar atrás dela a nossa verdade.

Ele está dentro e fora; na frente e atrás... como a água que embebe a esponja e a banha por todos os poros da sua matéria... "O teu saber é maravilha que me ultrapassa!... que não posso atingir porque é tão alto." É que, perante o mistério e a profundeza desta realidade, não nos fica nada mais do que nos deixar impressionar por essa presença d'Ele... "e tua mão sobre mim colocas".

A todos nos agrada ter as costas "cobertas". Dizemos isso quando estamos seguros dos nossos amigos. Eles não nos trairão; jamais lhes escapará nada que possa ferir-nos; com eles, o segredo de nossa vida está em segurança. Podemos confiar plenamente. O Senhor "coloca" a sua mão sobre nós: sua mão está protegendo o nosso ser, indicando que é valioso aos olhos d'Ele.

Quantas vezes teria sido retirada essa mão se, em lugar de ser do Senhor, fosse nossa?

2. A presença do Senhor não só está no íntimo de cada um, mas abarca o espaço todo: o céu, o abismo, a aurora, o mar... sempre, em todos os lugares, encontro o teu alento, o teu sopro... aquilo que me dá vida. Não se trata de uma perseguição; é a segurança e a certeza de contar com a tua própria força vital, com o teu olhar, Senhor! Tu a infundiste uma vez no homem e a tua presença continua a ser constante. O que seria do homem, de cada um de nós, se pudéssemos achar uma saída para fora do teu olhar, escapar do teu alento? Poderão as ondas dizer ao oceano: "Como sairei da tua existência?"

O nosso grupo ou a nossa Comunidade é um lugar da presença do Senhor. Lá está Ele; torna-se presente na palavra, na comunicação, no encontro com os irmãos. Sinto a presença do Senhor que me abraça, quando a Comunidade me acolhe, me perdoa, descobre as minhas deficiências...? Se, em qualquer lugar, a sua direita e a sua esquerda se estreitam abraçando-me, muito mais terei de experimentar a sua presença quando me reúno com aqueles que partilham mais intimamente os sentimentos de filhos de Deus.

Se o Senhor está em toda parte, também está naquilo que não é belo nem bom; resulta fácil ver a presença do Senhor num amanhecer, na montanha, no sorriso da criança "bem-comportada".. mas como percebemos a Deus no áspero e duro da vida cotidiana, ou na dureza das situações de extrema pobreza e solidão que nos cercam nas nossas cidades? Quantas vezes culpamos a Deus daquilo para o qual não encontramos explicação fácil ou daquilo que a não tem, dentro dos nossos limites...! Quereríamos escapar de Deus, sairmos, colocarmo-nos fora, como se com isso já tivéssemos descoberto a fórmula mágica para ficarmos tranqüilos. Somos capazes de ver o Senhor naquilo que não complica a nossa existência, mas gostaríamos que a treva fosse, na verdade, uma cortina, a fim de não ter de nos encontrar com Ele.

3. A história pessoal é um viveiro de fatos "tremendos"... Maria dirá, em seu Magnificat, "Minha alma engrandece o Senhor... porque o Todo-Poderoso fez por mim GRANDES COISAS!" O Salmo nos lembra o prodígio da concepção: "Desde o seio materno, Tu me teceste...!" Na Natureza, existem tantos acontecimentos e tão tremendos que já passam despercebidos. Não apreciamos aquilo que o nosso ser supõe. Que eu (cada um de nós) seja, exista, e esteja hoje aqui é um cúmulo de acontecimentos concatenados, que não é possível calcular matematicamente. Sabemos que um óvulo aparece cada vinte e oito dias e que, para fecundá-lo, se precisam milhões de células masculinas, das quais somente uma chegará a se unir com ele. Se, em lugar desse espermatozóide, tivesse sido escolhido um outro, eu não existiria: no meu lugar, teria nascido um outro ser, irmão meu, que atualmente ficou reduzido a mera possibilidade. A partir desse momento, que quantidade de fatos... e de que grandeza! Essa célula começou a se dividir e poderia ter originado dois seres...; se estas divisões não tivessem sido totalmente corretas, eu teria de sofrer hoje alguma limitação a mais: limitações físicas, psicológicas... Todo um derroche de ações, movimentos, operações orgânicas... milhões e milhões de reações químicas... todas exatas e precisas...!; isso foi o meu começo. Como um tecido perfeito, no qual todos os fios

da trama foram ocupando os seus lugares, de acordo com o tamanho, a cor, a forma... Eu te dou graças, porque és tão sublime!

Esse processo repetiu-se tantas vezes e em lugares tão diferentes quanto aqueles que viram nascer cada um de nós, que hoje formamos este grupo, esta Comunidade. A partir do momento zero do nosso nascimento, Ele foi tecendo uma rede de caminhos que agora nos conduziram até aqui. A infância, a adolescência... cidades, destinos diversos dos nossos pais, centros educativos... juventude... relacionamentos sociais... matrimônio... os filhos... Cada um conhece a trajetória do seu próprio caminho até estarmos aqui juntos... "os meus dias estavam aí definidos... em teu Livro todos escritos..."

"O Livro do Senhor!... Quão densos os seus capítulos!... Esse livro pessoal, de cada um, formado de uma só folha... tão densa! Nela, uma só palavra: o meu nome, hoje... Cada momento é um resumo da vida... Como a pirâmide possui um vértice superior, no qual confluem todas as faces e arestas... assim o momento presente é para Ti, Senhor, um resumo de tudo o que fizeste com a minha existência! Neste momento, a nossa comunidade é o ponto de encontro de cada vida... Parece-nos casualidade? Não tem nenhum valor? Poderiam ter sido outras pessoas?... No fundo de todo este mistério, que é maior do que as areias do mar, "SEMPRE PERMANECES TU"!

Atualmente vemos a nossa vida, a de cada um de nós e a de toda a Comunidade, como um sacramento da Presença do Senhor; aqui está Ele, de modo admirável, insondável, sublime. Deixamo-nos levar por esta presença, que dá confiança e segurança; não somos fruto de qualquer coisa!; simultaneamente, ela nos faz sentir a nossa pequenez e humildade... Senhor, Tu és sublime!

Estes sentimentos são os que determinam "REVERENCIAR" o Senhor...

ORIENTAÇÃO DE VIDA

1 — Sou consciente da presença do Senhor, nos acontecimentos diários; com os filhos, os pais, no trabalho?
Como sinto o Senhor nos acontecimentos agradáveis? E nos desagradáveis?
Vejo o Senhor na Comunidade? Nos seus avanços... naqueles com quem não me dou bem?

2 — Vou tornando-me mais consciente do valor de minhas palavras e ações enquanto sinais da presença do Senhor? Sou mais livre para falar aos outros aquilo que penso e sinto? Recebo as palavras e gestos dos outros com simplicidade e humildade?

3 — Releio a minha vida, a minha história à luz deste salmo? A história do grupo ou da Comunidade me dizem alguma coisa? Por que você não pergunta a esse "alguém" do grupo aquilo que, até agora, não se atreveu a perguntar?

TESTEMUNHO

"Mil graças derramando,
prestes passou dos soutos na espessura
e, enquanto os ia olhando,
só com sua figura
vestidos os deixou de formosura."

S. JOÃO DA CRUZ
Cântico espiritual, 5

7

Quarta reunião:

"CHAMADOS A REALIZAR O PLANO DE DEUS"

Princípio e Fundamento (EE. 23):

"O HOMEM É CRIADO PARA LOUVAR,
REVERENCIAR E SERVIR A DEUS..."

"Tu, Israel, meu servo, tu Jacó, que Eu escolhi,
tu, linhagem de Abraão, meu amigo;

tu, que eu trouxe dos confins do orbe
e chamei dos remotos países,
e te disse: 'Tu és meu servo,
Eu te escolhi e não rejeitei'.

NÃO TEMAS! Eu estou contigo!

NÃO TE ASSUSTES! Eu sou teu Deus!
CONFORTO-TE E VENHO EM TEU SOCORRO,
Eu te amparo com minha direita vitoriosa.
....

Pois Eu, Javé, teu Deus,
seguro tua mão direita e te digo:

'NÃO TEMAS! SOU EU QUE TE SOCORRO'.

Não temas, Jacó, pobre larva;
Israel, frágil verme!
Eu te ajudarei — oráculo de Javé! —,
o Santo de Israel é teu redentor."

(*Is* 41,8-10.12-14)

"Ouvi-me, ilhas! Atendei, povos longínquos!
Javé me chamou do ventre materno,
do seio materno pronunciou meu nome.

Fez de minha boca uma espada aguda;
protegeu-me à sombra de sua mão.
Fez de mim uma seta afiada,
escondeu-me na sua aljava.
Ele me disse: 'És meu servo, ó Israel,
no qual me glorificarei'.
. . . .

'É pouco demais que sejas meu servo,
para soerguer as tribos de Jacó,
reconduzir os restos de Israel.

EU TE DESTINO A SER A LUZ DAS NAÇÕES
PARA QUE A MINHA SALVAÇÃO
ATINJA OS CONFINS DO ORBE."

(*Is* 49,1-3.6)

REFLEXÃO DE GRUPO

CRIADOS PARA LEVAR A SALVAÇÃO AOS HOMENS

Quando aceitamos o desafio de pensar, a partir da fé, as realidades que constituem a nossa existência, fica um certo ceticismo que não conseguimos superar: "E tudo isso, para quê? É tanto aquilo que nos foi dado que temos medo de que a fatura que nos vão passar supere, com muito, as nossas possibilidades ou nos encerre dentro de uma vida insuportável. Não sei quais foram as terríveis experiências que os homens vivemos ao longo da história de nossa Humanidade, que não somos capazes de desfrutar aquilo que temos, sem que nos envolva interiormente um sentimento fatalista:

"Bem, e agora o quê?" Porque tudo o que é bom termina; tudo o que é agradável tem o seu preço... e ninguém troca cruzeiro por centavos.

Com estes sentimentos escondidos nas dobras da alma, é difícil sentir o gozo e a alegria de sermos queridos e chamados por Deus. Não nos deixamos querer! Não é que aquilo que se diz careça de força, nem que os textos não sejam claros; o que acontece, no fundo, é que temos medo da conta: "A dolorosa..." (é assim que apelidamos a conta após uma boa refeição). Não somos, por acaso, desmancha-prazeres receosos, mais sensíveis à dor ou à contradição, mesmo que seja bem pequena, antes do que abertos à contemplação e ao desfrute do maravilhoso na criação de Deus?

Somos especialmente displicentes com o natural, com aquilo de cada dia, com o que nos é oferecido a todos igualmente. São poucos os que estão dispostos a levantar de manhã cedo, antes da aurora, ou a dormir uma noite na montanha, a fim de poder contemplar um amanhecer durante o verão. Contudo, haveria mais gente disposta a aceitar o convite de uns amigos, para presenciar um milagre ou uma aparição. Queremos submeter a Deus aos padrões estreitos de nossos egoísmos ridículos.

Vamos refletir sobre a outra finalidade, o outro presente que Deus nos dá: sermos salvadores, mediante a salvação que Ele nos deu.

1. A criação, nesses textos de Isaías, torna a aparecer como uma escolha, um chamamento da não-vida para a vida. Uma escolha nominal, que nos constitui amigos do Senhor, porque levamos o selo do seu sopro. Esse aspecto tão fundamental não pode ser esquecido. É preciso cairmos na conta de que Deus não nos dá essas coisas aos saltos. Se nos cria, é com todos os pormenores. Às vezes, considera-se o valor do chamamento à fé ou a integrarmos tal ou qual movimento apostólico; temos, porém, o perigo de dar a impressão de que se trata de escolhas sucessivas. Deus seria algo assim como um potentado, um chefe de governo, que vai concedendo promoções: uma vez, chama muitos à existência... e deixa muitíssimos outros se perderem na mera possibilidade. Dentre todos os seres vivos, uns os escolhe para uma vida longa; outros foram morrendo até mesmo antes de nascer. Dos que chegaram à vida, uns foram escolhidos para serem batizados; outros ficaram fora etc.

Esta é uma forma de compreendermos os fatos: a realidade, porém, é mais unitária: fomos criados ASSIM, como somos e para aquilo que Ele nos chama. Para uma missão que Inácio de Loyola formulou como SERVIÇO... servir a Ele... com uma especificidade característica: o nosso serviço ao Senhor não é substituível. Cada um de nós tem algo de concreto a fazer, e ninguém pode nos substituir. Se aceitarmos, será feito. Se não aceitarmos, ficará um vácuo: o nosso serviço não chegará lá onde deveria estar.

2. O serviço de Deus, ser para o seu serviço, chamado, escolha...: são termos que encerram um complexo leque de significados. Em primeiro lugar, uma sensação de impotência ou pequenez: como pode uma criatura, um homem, *servir* a Deus? A imagem e a palavra nos induzem a cair nas relações amo-escravo. O amo é o senhor, o grande e poderoso; o escravo é o pequeno, o insignificante... não é nada... e esta relação, sem querer, a pretendemos aplicar. Onde se pode encontrar uma distância maior entre os extremos da relação? Será o homem um escravo de Deus? Terá de anular toda a sua vontade, os seus desejos, para servir ao Senhor?

Às vezes, caímos nestes dualismos tão estéreis, quando queremos pensar na relação entre Deus e as criaturas: Se Deus cresce, o homem diminui. Se a criatura cresce, Deus diminui. Não caímos na conta de que Deus e a criatura estão do mesmo lado; se a criatura cresce, cresce o conceito de Deus; Ele se tornou mais transparente aos homens. Por isso, o texto nos diz: Não temas...! Eu estou contigo! Para que sirvamos ao Senhor... Ele estará conosco... Afora o temor que gera o sermos escravos e antagonistas d'Ele! O crescimento: o desenvolvimento como ser pessoa, conseguir ser uma Comunidade, oferecer a nossa ajuda aos que mais precisam de nós... tudo isto está na linha do serviço. Servimos a Deus, quando tornamos a sua criação melhor, mais perfeita, mais bela, maior, mais fraterna...; quando nos convertemos em colaboradores de sua Criação e começamos a cuidar do nosso ser, e o melhoramos para que possa viver numa relação de plenitude para com os outros; quando desenvolvemos as nossas capacidades técnicas, para estarmos preparados para os desafios do futuro; quando conhecemos e pesquisamos os segredos que Ele encerrou na sua Criação, para que um dia fossem descobertos e utilizados pelo homem...

Servimo-lo quando colocamos toda a nossa sinceridade e autenticidade a serviço da Comunidade e nos apresentamos como somos, sem medo de que descubram as nossas fraquezas; servimo-lo quando acolhemos aquele que precisa da nossa compreensão e apoio para continuar adiante, com a vida de oração, de testemunho na empresa ou na universidade; com o esforço para ser um bom pai de família ou um filho ou irmão... Servimo-lo especialmente quando dedicamos os nossos esforços aos que estão marginalizados pelas injustiças sociais: não têm pão, trabalho, cuidados médicos, educação, cultura...; àqueles que não sabem defender os seus direitos de pessoas; a todos aqueles que sofrem em silêncio situações de marginalização...

Não se angustie...! Não pensemos que o nosso crescimento possa pôr em perigo a grandeza d'Ele; não o vamos eclipsar nem substituir. Ele é Deus! Não deve haver um olhar pessimista perante o homem; não somos demiurgos nem possuímos o fogo de Prometeu; vamos descobrindo, às apalpadelas, aquilo que constitui a epiderme do mundo conhecido. Mas este sentimento de otimismo não se fundamenta no muito que ainda fica por conhecer e no pouco que o homem é, de modo semelhante a como um adulto vê uma criança engatinhando pelo assoalho e sabe que não pode colocar em risco a segurança da casa... É certo que o homem possui atualmente umas forças muito grandes; que poderia originar uma crise de alcance cósmico, se todas elas se desencadeassem de uma só vez; mas a possibilidade justifica a desconfiança? Será que não vamos ter um olhar sensato sobre a maturidade do homem? Será que achamos que somos capazes de originar danos tão irreparáveis? As crises que a terra sofreu são muitas; foram desaparecendo umas espécies e deixando lugar para outras... e tudo dentro destes estreitos limites que agora conhecemos. Eu te fortaleço, te auxilio, te sustento... com a minha destra vitoriosa. O otimismo, o pensamento positivo sobre esta Natureza que o Senhor nos confia, e à qual nos envia, para cultivá-la e desenvolvê-la, é o fundamento, a motivação para aceitarmos este serviço de Deus em todos os níveis da sua Criação; é o fundamento de um ecologismo cristão (não chorão nem pusilânime); de uma visão cristã do trabalho; de uma avaliação positiva da preocupação sociológica e antropológica; de uma estima profunda da medicina, da pesquisa...; de tudo o que faz com que o homem seja cada vez mais homem (criado à imagem e semelhança d'Ele), se relacione melhor com os outros homens (os quais ele considera irmãos e não antagonistas, no seu crescimento vital), e que consiga um mundo menos hostil (sem fome, doenças, agressões naturais...), que cumpra sua missão de ser a MESA DO PAI, à qual possam sentar-se fraternalmente todos os seus filhos.

A utopia do destino do homem não é uma quimera, algo insensato, irracional, pensável unicamente com uma imaginação tresloucada; a utopia é algo difícil, que se conseguirá mais adiante, em "outro lugar (*topos*)", mas cujos elementos são todos integráveis, racionalmente possíveis e, sobretudo, desejáveis. Por isso, a utopia cristã é um motor que transmite esperança e vontade de começar... mesmo que seja para fazer um caminho tão lento e breve como o da lagarta ou o vermezinho... É isso o que o Senhor espera: que nos coloquemos a caminho, que iniciemos a decolagem nessa direção. D'Ele nos virá o auxílio que transformará o nosso esforço em algo grande.

3. "Eu te destino a ser A LUZ DAS NAÇÕES... para que a minha salvação atinja até os confins do orbe."

Não é suficiente que o nosso serviço fique encerrado dentro de uma moldura estreita: na própria família, empresa, amizades, universidades... ou na Comunidade. Quem descobre o chamado do serviço é sensível àqueles que clamam com mais força, para saírem das suas negatividades (obscuridades). Existe como que uma atração entre os pólos de um ímã. Na medida em que se considera a predileção do Senhor ("eu te chamei... te fiz seta afiada... te escondi na minha aljava... estou orgulhoso de ti... fiz da tua boca..."), não se pode deixar de pensar que, para o Senhor, os outros são também seus filhos; que essas palavras também estão ditas para eles; que o Pai está desejoso de que eles possam ouvi-las, senti-las e saboreá-las, como cada um de nós. Eles, porém, somente poderão compreendê-las quando encontrarem *alguém!* de carne e osso, como eles, sem nenhum interesse (nem votos, nem méritos, nem confissões, nem MUDANÇA...), que lhes sirva incondicionalmente; que não se dedique a pregar com palavras, mas que o faça com as obras; que não se contente com cumprir (Já dou um dinheiro para que os outros façam...!), mas que procure o contato pessoal, a aproximação à vida do outro, porque o SERVIÇO deve ser feito com o estilo do Pai, que envia o sol e a chuva para todos, que é luz que repele as trevas com a suavidade do amanhecer.

ORIENTAÇÃO DE VIDA

1 — Cresceu, no meu interior, o otimismo, ao saber-me chamado pelo Senhor? Vai-se formando uma forma nova de ver as coisas, os fatos que me acontecem... como escolhidos, queridos por Deus, no seu Plano?
Tive de mudar alguma apreciação dos fatos da história da minha vida?

2 — Sinto uma maior integração entre o meu trabalho, as minhas relações familiares, sociais etc., e essas palavras: Não temas?...
Encontra a Comunidade o seu lugar próprio neste chamado do Senhor?
Como vivo a minha pertença a esta Comunidade?

3 — Pude compreender melhor, esta semana, o que significa ser LUZ das NAÇÕES?
Consegui levar algum tipo de "salvação" a alguém?
Interrogo-me sobre algum tipo de serviço...? No interior da Comunidade, paroquial, centro de estudos... Quarto Mundo?

TESTEMUNHO

Celebrar a vida é algo mais do que agredecê-la!
Celebrar é...:

...*reconhecer* que Deus me fez para amar,
para servir,
para fazer da própria vida
UM HINO DE GRATIDÃO;

...*viver intensamente*, com os olhos e os ouvidos bem abertos, para buscar e achar, em todas as coisas, o Criador e Senhor;

...*cair na conta* de que cada etapa do caminho tem uma beleza maior do que a anterior, porque, em todas elas, me é dirigido um apelo para ser-em-crescimento; e em todas e cada uma delas embora varie o ritmo, é o Senhor quem leva a iniciativa e vai tornando realidade a sua promessa de estar sempre com os homens e mulheres que o queiram servir;

. . .*proclamar*, cantando, que Deus é o Pai de quem procede todo dom; o Pai que me salva e me liberta, em seu Filho Jesus; que me convida, n'Ele e com Ele, a viver como ressuscitado, um cidadão do Reino, uma pessoa feliz, MEDIANTE O AMOR DADO E RECEBIDO DE MODO GRATUITO;

. . .*dizer*: "OBRIGADO, SENHOR",
porque TU és o Senhor da vida e da morte, porque Tu me rodeias com pessoas que me aproximam de Ti.

EM TUAS MÃOS ESTÃO OS MEUS 45 ANOS
E TUDO O QUE TU ME OFERECERES COM ELES.

M.ª L. BERZOSA
Oração para o dia do meu aniversário
Roma, 1988.

8

Quinta reunião:

"SER LIVRE, GRANDEZA E DEBILIDADE DO HOMEM"

Princípio e Fundamento (EE. 23):

"O homem é criado...
E AS OUTRAS COISAS SOBRE A FACE DA TERRA SÃO CRIADAS PARA O HOMEM"

"Javé, Senhor nosso,
quão magnífico é teu Nome em todo o Universo!
O teu Nome proclama a tua majestade
lá nos céus, lá nas alturas!

Na boca das próprias crianças pequenas,
contra os ateus Tu afirmas teu Nome,
para acabar com os fanáticos
que contra Deus se vão revoltando.

Quando vejo os teus céus lá no alto
arte pura a cinzel de teus dedos;
lua e estrelas que aí encravaste:
QUE É UM MORTAL, PARA QUE DELE TE LEMBRES;
um filho de Adão, para que o visites?

Fizeste-o pouco menor que um ser divino,
e de glória e esplendor o coroaste!

Nomeaste-o senhor de todos os seres,
sob seus pés tudo puseste:
    ovelhas e bois e os demais todos,
    e até mesmo animais selvagens,
    pássaros do céu e peixes dos mares,
    os que procuram os caminhos das águas.

Javé, Senhor nosso,
    quão magnífico é teu Nome em todo o Universo!"

(*Sl* 8)

REFLEXÃO DE GRUPO

A GRANDEZA DE DEUS NAS MÃOS DO HOMEM

Quando os homens devemos confiar um trabalho importante ou uma operação cirúrgica, procuramos nos informar bem sobre a capacidade técnica, a honradez e a seriedade daquele em cujas mãos vamos colocar algo que tanto apreciamos, quer seja a saúde própria ou de um familiar ou, simplesmente, o dinheiro ou o prestígio social. Em casos muito raros, ficamos completamente confiantes; sempre permanece algum receio: terei feito bem...? não deveria ter indagado mais...? precipitei-me...?

Contudo, a Criação inteira, toda ela, nos é entregue em nossas mãos sem outra credencial que a própria existência. Quem me dá o ser, o existir, torna-me depositário de toda a sua criação. Não é, pois, estranho, que, ao contemplá-la com sensibilidade, brote este salmo, como um sentimento da humanidade agradecida e desconcertada. O Senhor tem outros caminhos.

1. O Senhor é o nosso dono... Às vezes, as palavras não chegam a refletir todas as esfumaturas que a gente desejaria; ao aplicar ao Senhor esta palavra — DONO —, não podemos nos deixar aprisionar pelos matizes que jamais desejaríamos aplicar ao Senhor. Temos de falar com a nossa pobreza e limitação; mas também é necessário purificarmos o nosso pensamento.

Ele é dono, o Senhor, porque fez tudo, tudo é d'Ele, tem a sua marca de origem: poderíamos ir colocando em cada coisa, pessoa, acontecimento: "made in"; somos a herança de Deus, família de Deus. Estas imagens (herança, família...), porém, devem ser entendidas naquilo que supõem de relação íntima, de origem, de semelhança; nunca no sentido que os homens logo deduzimos: se é família e herança, é *posse*, submissão, proveito próprio e, levado até o exagero, exploração e anulação do outro. O Senhor é dono nosso, de todos! A identidade da origem, da nossa procedência, é clara: todos, criaturas d'Ele; todos formamos essa grande família na qual Jesus substituiu a palavra DONO por PAI.

2. Este Pai nosso é admirável por suas obras. São tão grandes e tão maravilhosas que, se ficássemos a lembrá-las e engrandecê-las, a nossa voz seria como a de uma criança pequena que não chega a balbuciar uma palavra. O salmista compreende a ingente tarefa de ter de remontar uma diferença tão grande: "A tua glória está acima dos céus, e apenas possuo uma palavra insignificante que mal consegue chegar a ser nada".

Podemos dizer algo que se aproxime das maravilhas que o Senhor é? Precisamos de uma grande capacidade de surpresa, como a criança que vive descobrindo, dia a dia, os cantos do seu mundo infantil. Se soubéssemos abrir os olhos, para ver a criação do Senhor...! Ele apareceria como uma FORTALEZA, como um refúgio no qual não temeríamos o ataque do inimigo, a chegada dos momentos de baixo-astral, dos fracassos, das depressões, das angústias... até de nossos pecados e maldades. Como nos humilha e nos desconcerta a realidade, no choque com o nosso mundo interior, tão povoado de fantasias! Às vezes, pensamos estar sós e abandonados de todos, até d'Ele. Outras, a minha insensatez me faz querer ficar sozinho e bancar o herói, capaz de vencer e destronar todas as forças que se opõem às minhas ilusões e quimeras. Contudo, acima de nossas cabeças, brilham o sol, a lua, as estrelas... Não deveríamos dedicar todos os dias, pelo menos cinco minutos, para contemplar esse mundo que se encontra aí, para nós? e para sentir o calor e a luz do sol, tornamo-nos conscientes da sua brancura, da morna carícia da sua energia, que demora oito minutos a chegar, criada para mim, para este momento em que estou a perceber o seu contato?... esse calor que, se tivesse de ser produzido por nós, num gerador à distância que o sol se encontra, precisaria consumir uma esfera de carvão do tamanho da Terra a cada segundo...?

Ao olhar as estrelas, esses milhares de sóis que todas as noites contemplamos, a umas distâncias tão enormes (a mais próxima a quatro anos-luz, ou seja, que essa luz que chega aos meus olhos saiu há milhões de anos dessa massa gasosa que eu não sei se atualmente continua a existir)... todas aí, cada uma com o seu nome, cada noite acudindo ao encontro, fiéis, impertérritas, como se nada acontecesse, com uma exatidão perfeita...; quando sei que elas se movimentam (nós o contemplamos) a uma velocidade que nem podemos imaginar... como seremos capazes de nos aproximar dessa maravilha que é o Céu? Quem pode duvidar de que esta noite haverá escuridão e de que amanhã sairá o sol? Sabemo-lo já de antemão; conhecemos a hora, o lugar por onde sairá e até o tempo atmosférico que teremos... Quão magnífico é teu Nome em todo o Universo! Fizeste o céu, arte pura a cinzel de teus dedos; criaste tudo e deste ao homem a capacidade, a curiosidade e a perseverança para chegar a descobri-lo, a compreendê-lo e a simbolizá-lo com precisão matemática... Que pena que as coisas passem diante de nós sem que as contemplemos, admiremos, saboreemos...! Daí nasceria o nosso louvor, simples e puro; engrandecerei a tua majestade acima dos céus, com a boca vacilante e surpreendida de uma criança de peito...!

3. O que é o homem para que dele te lembres? O homem, o ser humano, todos os seres que hoje e sempre habitaram este pequeno planeta colocado dentro do sistema solar, num canto desta nebulosa, a Via Láctea, uma de tantas entre os milhares que existem neste Universo conhecido... Cada ser humano, homem ou mulher, grande ou pequeno, branco ou preto, de uma ou de outra raça, do Norte ou do Sul, do Leste ou do Oeste, bom ou ruim... Todos e cada um!

Dou um olhar à minha vida: a infância e os companheiros de minhas brincadeiras, professores, tios, avós; a adolescência e as quadrilhas, com a sua independência recém-conquistada; a juventude e a descoberta de um mundo novo; o amor... tantas pessoas que vão enchendo a maturidade dos anos adultos, cheios de responsabilidades familiares, trabalhistas, sociais... a essas pessoas as descubro agora com um significado diferente. Umas me pareceram mais positivas do que as outras; umas foram lembradas mais freqüentemente, outras quase estão no esquecimento. Todas essas pessoas que hoje ou ontem passaram por minha vida foram "pouco menos que um ser divino"!, coroadas de glória e dignidade... E não corremos tresloucados para vê-las ou tocá-las...; não guardamos, com ânsia, nenhuma lembrança, nem pedaços de seus vestidos; mal lembramos algumas de suas palavras... Mas, aos olhos do Senhor, eram "pouco menos que um ser divino!".

Precisamos pedir emprestados os olhos do Senhor, para contemplarmos a sua criação; para vermos como Ele vê tantos homens e mulheres que ainda nos rodeiam... e são pouco menos que um ser divino! Para muitos, isso são os ganhadores de uma medalha olímpica ou de uma volta ciclista à França, ou os chefes de Estado, ou os Papas, ou, simplesmente, o cantor que é capaz de vender o seu disco a um milhão de pessoas. Estes sim que são coroados de glória e dignidade! Todo o mundo se rende e os deixa passar, ou empurra e se esforça para estar mais próximo deles, para estreitar a sua mão ou dirigir-lhes uma palavra que eles nem chegam a perceber. É triste que não vejamos outra "glória e dignidade" senão a do dinheiro, a da publicidade, a do barulho e dos "flashes" dos fotógrafos..., quando essa glória é mais profunda e se encontra em cada um dos homens e mulheres que se esforçam para se superar a si próprios e, portanto, para se tornar, cada vez mais, reprodução dessa imagem que o Senhor colocou no interior deles... criados à imagem e semelhança do Pai!

4. "Nomeou-nos senhores de todas as obras de suas mãos!" A Criação toda submetida ao homem: animais, aves, peixes... Há alguns anos, foi publicada uma montagem audiovisual que se intitulava "A Ilha". É a história de uma ilha onde deviam habitar alguns homens; a ilha toda era para eles; mas, em pouco tempo, começaram a aparecer cercas de arame farpado, numa tentativa de delimitar zonas reservadas para uns poucos. Ninguém foi expulso da ilha, nem foi feito desaparecer; simplesmente, esses alambrados "subtraíram" do uso comum os lotes melhores, a fim de convertê-los em propriedade particular. Não é esta a história de uma Humanidade que recebeu tudo para todos e transformou "A HERANÇA" paterna em mosaicos de "lotes particulares", que já não estão a serviço de todos?

Às vezes, ouvimos que é preciso diminuir a população da Terra, porque ela já não é capaz de produzir o sustento para todos os que habitamos. Seria preciso pensar em tanta terra improdutiva, em tantas toneladas de alimentos que se deixam de produzir porque não têm rentabilidade, em tanta terra seca, por falta de planejamento ecológico coerente, em nível nacional. Emociona-nos pensar no canto dos pássaros, num amanhecer no campo, numa estampa primaveril onde as flores amarelas e azuis atapetam o chão, no orvalho e na brisa suave das zonas costeiras debruçadas sobre o mar. Contudo, a mesma coisa deveria ser contemplada nos países africanos. Por que "subtraímos" (a mesma coisa que roubar) esse espetáculo aos nossos irmãos e lhes impedimos sentir a bondade, a beleza e a gratuidade de uma Criação que o Pai nos deu a todos?

5. O que é o homem? Como é possível que o Pai tenha colocado nas suas mãos tudo o que lhe pertence, até seus filhos!, se conhecia o que poderíamos fazer com isso? Nenhum pai deixa nas mãos de uma criança objetos valiosos que ela possa estragar ou que possam pôr em perigo a saúde ou a vida dela ou de seus irmãos. Gostaríamos de não ser tão DESTRUIDORES. Não podemos criar, mas podemos danificar a CRIAÇÃO, deixar uma marca na obra de Deus. Ao pensarmos isto, acomete-nos um sentimento de profunda surpresa. O Senhor nos deu a possibilidade de fazer o mal, mas também o bem. CRIOU-NOS LIVRES! O que é o homem? O quc sou eu...? O que é o "meu irmão"? Um ser livre, capaz do bem e do mal. De ser e de não-ser. De aceitar toda a sua grandeza e de estragar a imagem de Deus, que leva dentro de si. Pobreza e grandeza do homem! Quanta maldade possível, mas quanta bondade no interior do seu coração! Erich Fromm escreveu um livro que intitulou: "O medo da liberdade", medo de sermos livres, de podermos escolher, de podermos errar, de sermos nós mesmos e de aceitarmos as conseqüências dos próprios atos. A sua tese é que "o homem moderno" não ganhou ainda a liberdade no sentido positivo da realização de seu ser individual, quer dizer, a expressão da sua potencialidade intelectual, emocional e sensitiva; e a alternativa que se oferece é *fugir da responsabilidade* desta liberdade positiva" (Ed. Paidós, Barcelona, 1982 [6], p. 24).

Talvez não apreciemos a nossa liberdade em todas as suas dimensões, porque não descobrimos a importância que o ser humano tem para Deus. É o único ser criado, capaz de conhecê-Lo, de descobrir as suas pegadas, de compreender a criação e de se apresentar perante Ele como diferente, distinto e, ao mesmo tempo, capaz de estabelecer uma relação pessoal com Ele. A liberdade é aquilo que separa o homem e o eleva acima de todas as outras coisas, aquilo que lhe permite optar, decidir, sem ter de ser uma conseqüência cega do movimento, da energia ou da química que compõem seus órgãos. Consiste em tudo isso e ainda na ação integradora de uma vontade. Poderíamos dizer que o que é mais surpreendente no homem é o processo deliberativo; que aí está a sua grandeza. E que o mais humilhante é o resultado deste processo, porque tem uma percentagem elevada de erro.

Javé, Senhor nosso, quão magnífico é teu Nome em todo o Universo!; nesta nossa terra, neste lote pequeno que somos cada um de nós!; nesta nossa comunidade, união de vontades para respondermos mais livremente ao teu amor!

ORIENTAÇÃO DE VIDA

1 — Considero as coisas e as pessoas que me rodeiam como a FORTALEZA do Senhor?
Vou percebendo-as como amadas e queridas por Ele?
Ajudam-me a descobrir a grandeza do Senhor?

2 — Nas minhas relações familiares, trabalhistas, sociais... atuo percebendo os outros como "coroados de glória e dignidade"?
E nos meus relacionamentos dentro da Comunidade?

3 — Vou adquirindo senso contemplativo perante os acontecimentos normais de cada dia?
Deixo-me surpreender pelo "novo", manifestado, cada dia, por todos os que me rodeiam, nos seus relacionamentos?
Na minha oração, tem lugar o LOUVOR?

TESTEMUNHO

"Não te dei, ó Adão, nem um lugar determinado
nem um aspecto próprio, nem função alguma
que peculiar te fosse,
COM A FINALIDADE de que aquele lugar,
aquele aspecto, aquela função
EM FAVOR DA QUAL TU TE DECIDISSES,
OS OBTENHAS E CONSERVES de acordo com o teu desejo e desígnio.

A natureza limitada dos outros
encontra-se determinada pelas leis que eu ditei.

A tua, TU PRÓPRIO A DETERMINARÁS
sem estar limitado por barreira alguma,
POR TUA PRÓPRIA VONTADE
EM CUJAS MÃOS EU A ENTREGUEI.

EU TE COLOQUEI NO CENTRO DO MUNDO
COM A FINALIDADE de que de lá pudesses observar
TUDO O QUE EXISTE no mundo.

Não te fiz nem celestial nem terreno,
nem mortal nem imortal, COM A FINALIDADE de que,
QUASE LIVRE E SOBERANO ARTÍFICE DE TI MESMO,
TU PRÓPRIO TE PLASMASSES E TE ESCULPISSES
na forma que tu tiveres escolhido.

Poderás degenerar
para coisas inferiores que são os brutos.

Poderás, de acordo com a decisão
da tua vontade, REGENERAR-TE
em direção às coisas superiores que são divinas."

Picco della MIRANDOLA
Oratio de hominis libertate

(Citado por E. FROMM,
El miedo de la libertad,
Ed. Paidós, Buenos Aires, 1974, p. 21.)

9

Sexta reunião:

"SER CAPAZES DE DESCOBRIR O SENTIDO AUTÊNTICO DA VIDA"

Princípio e Fundamento (EE. 23):

"...e as outras coisas sobre a face da terra são criadas...
A FIM DE AJUDÁ-LO
A ALCANÇAR O FIM
PARA QUE FOI CRIADO"

"Disse Deus:

— Verdeje a terra com o que é verdejante, ervas que produzam sementes e árvores frutíferas que dêem suas espécies de frutos, nos quais está contida a semente, sobre a terra.

......

— Haja luzeiros no firmamento dos céus para separar o dia da noite. Sirvam eles de sinais para as estações, os dias e os anos. Sejam eles no firmamento do céu os luzeiros que iluminam a terra.

......

— Pululem as águas de seres animados e voem as aves por sobre a terra, debaixo do firmamento do céu.

......

— Produza a terra seres vivos de diferentes espécies: animais domésticos, animais rasteiros e animais selvagens de diferentes espécies.

. . . . . .

— Façamos o homem à nossa imagem, como nossa semelhança...

. . . . . .

E ASSIM SE FEZ. DEUS VIU TUDO O QUE FIZERA E EIS QUE ESTAVA MUITO BOM."

(*Gn* 1,11-31)

"Inteiramente tolos eram os que ignoraram a Deus e,
PELOS BENS VISÍVEIS,
não reconheceram Aquele-Que-É,
nem PELA CONTEMPLAÇÃO DAS SUAS OBRAS,
conheceram o Artífice.
Mas foi o fogo, o vento, o ar sutil,
a abóbada estrelada, a onda impetuosa ou os luzeiros do céu
que tomaram por deuses e senhores do mundo!

Se *fascinados por sua beleza* os tomaram por deuses,
deviam entender *quanto superior* é o Senhor destas coisas:
pois foi o próprio Autor da beleza quem as criou.

E se se maravilharam com sua força e atividade,
deviam compreender *quanto mais poderoso*
é Aquele que as formou.
Pois da grandeza e beleza das criaturas
se conclui, por analogia, o seu Autor.

Estes, no entanto, merecem menos repreensão,
pois talvez *só errem*
enquanto procuram a Deus e O querem encontrar;
pois ocupam-se de suas obras e as perscrutam,
mas *deixam-se seduzir pelas aparências*,
TÃO BELO É O QUE VÊEM!

Todavia, nem estes estão isentos de culpa;
se foram capazes de conhecer coisas tão sublimes
e puderam investigar o mundo,
COMO NÃO DESCOBRIRAM O SENHOR
DE TAIS COISAS?"

(*Sb* 13,1-9)

REFLEXÃO DE GRUPO

A TENTAÇÃO DE SERMOS ESCRAVOS DAS APARÊNCIAS

A figura de Ulisses, atravessando o estreito, amarrado ao mastro do navio, a fim de poder escutar os cantos das sereias, é a imagem de uma humanidade que deseja caminhar numa direção conscientemente assumida, mas que não quer perder o espetáculo que lhe é oferecido nas múltiplas margens da Criação. Uns manterão o rumo; outros se deixarão seduzir, e o casco do navio se rachará ao sentir o contato com os recifes que se escondiam sob as águas. Às vezes, os lamentos ganham uma outra chance; outras, os fatos são irreversíveis.

Na nossa vida, todos sabemos da importância *das coisas*, tanto materiais (o dinheiro, a roupa, a moradia, os instrumentos de cultura, de trabalho: carro, eletrodomésticos; os alimentos, a saúde. . .) quanto os que se referem à vida mais elevada do homem (a fama, o bom nome, a imagem perante os outros, a posição social, a amizade, o afeto daqueles que nos rodeiam, o grau de aceitação e credibilidade. . .). Com elas, vai-se fazendo, dia a dia, minuto a minuto, a nossa vida. Somos esse conjunto de relações que se estabelece entre nós e as pessoas que nos rodeiam; no meio dessas relações, porém, existe sempre *alguma coisa.* Entre marido e mulher, dinheiro para comprar "isto" para as crianças, "aquilo" para a casa, "o outro" para roupa, alimentos. . . Está em jogo a saúde, o bem-estar, o trabalho, o nome perante os outros. . . Entre pais e filhos. . . entre irmãos. . . No mesmo grupo, na nossa Comunidade, as relações entre as pessoas se estabelecem no positivo e no negativo (simpatia ou antipatia) como resultado da forma de pensar sobre essas realidades que enchem a vida. Uns sentem mais a atração que as coisas exercitam sobre eles; as suas respostas podem ser de condescendência, de se deixar levar, de ceder dentro do possível. . . Outros, mais atentos às conseqüências que possam advir, são mais radicais e exigem um desprendimento.

Para outros, não existe tal atração: eles são desprendidos por natureza. Este tipo de pessoas sente com menos força do que os anteriores a austeridade, não a aprecia, nem lhe dá importância. Os outros a apreciam porque exige deles esforço e vigilância contínua. As simpatias e antipatias surgem espontaneamente, como conseqüência das identificações ou desidentificações na hora de opinar ou de atuar com as coisas. Elas são o material que coloca em atividade a vida do homem. Querer mais ou não querer: eis a questão!

1. Acontece que as coisas são boas; o Senhor o diz: "Viu tudo o que fizera, e eis que estava tudo muito bom". O Senhor não errou quando criou; as coisas não lhe saíram mal. A nós, as coisas "nos saem" mal; pretendemos fazê-las bem, o melhor possível, levar em conta todos os aspectos e, no fim, resulta algo com o que não contávamos. É a nossa pequenez e limitação; não chegamos a mais. Mas isto não aconteceu ao Senhor, não lhe podia acontecer. Ele conhecia muito bem o que queria, e foi isso o que fez. O Gênese indica os passos com precisão: "Deus disse: haja..."; esse é o projeto. Logo depois acrescenta: "E assim foi feito. E Deus fez..."; eis a realização daquilo que projetara.

Também não houve ninguém que introduzisse uma jogada "por surpresa" na criação. Toda ela era d'Ele e só d'Ele. "Tudo estava muito bom." Sem excluir nada. Nós, em certas ocasiões, gostaríamos de poder sinalizar: Atenção, terreno minado! Isto é ruim! Saiu mal ao Senhor... ou, o inimigo do Senhor o fez... Assim teríamos uma linha divisória clara: o bom e o ruim; todo o nosso trabalho ficaria reduzido a escolher entre isto e aquilo, e em "lançar a culpa" das coisas sobre quem as criou; sempre teríamos uma excusa: "Eu acreditava...!; pareceu-me... não sabia..."; ou, elevando o tom: "Então... para que está este mundo? por que você o colocou ao alcance de minha mão...?"

Mas as coisas não são assim. As coisas são boas: todas, e sem discussão. Então, onde radicam o bem e o mal? Se não estão nelas mesmas, no aspecto objetivo, quer dizer que o bem e o mal se encontram no usuário, em cada um daqueles que as consumimos.

2. "Deixaram-se seduzir pelas aparências..."

É que as coisas têm duas faces, como as moedas: cara e coroa; a finalidade de cada uma e a sua aparência. A aparência, às vezes, não coincide com a relação à finalidade. É algo parecido a um viajante com passagem para São Paulo, que se encontrasse, na estação do Rio de Janeiro, com um vagão luxuosamente mobiliado, com ar-condicionado, vídeo, fones de ouvido com música, poltronas acolchoadas, mosquiteiro, luzes ambientais graduáveis... mas no trem que vai para Belo Horizonte. Compreenderíamos os seus desejos de se instalar nesse vagão, sempre e quando conduzisse, até o seu lugar de destino, melhor e com maior rapidez; qualificaríamos, porém, de insensato o comportamento de quem, sem atender a nenhuma outra razão, entrasse nesse vagão, aconteça o que acontecer.

Este estilo de atuação não é tão raro nas nossas vidas. Do dinheiro, todos sabemos o valor e a necessidade dele; são, porém, compreensíveis todos esses esforços tão "stressantes" para ter mais? Deseja-se um pouco mais, uma promoção... para terminar de mobiliar o apartamento...; depois, para trocá-lo por um outro maior... as crianças estão ficando grandes...!; mais tarde, trata-se de trocar o carro, de eletrodomésticos... estão tão velhos...!; dão tanto trabalho e os consertos são tão caros...! Depois é o terreno ou a casa de veraneio...; afinal, é para poder deixar aos filhos... para que todos tenham as mesmas possibilidades...! Subimos ao trem de São Paulo... e adeus Belo Horizonte! Não é que o vagão fosse ruim, como nem o dinheiro; é que nós perdemos o senso da finalidade, daquilo para o qual queríamos a viagem.

Aos sábios da antigüidade, o brilho dos astros levou a considerá-los deuses. Era tal a fascinação que exerciam que os seduziu. O que eram degraus para chegar a Deus transformou-se em meta final. De criaturas, converteram-se em deuses, em ídolos. De irmãos, em senhores. Toda a beleza, a força, a grandiosidade destes elementos, e aquilo que supunham de misterioso e inexplicável, superava tanto a capacidade de compreensão do homem, até do sábio, que era normal se sentir aniquilado por eles. Para o mundo técnico hodierno, esses elementos já não são realidades indecifráveis; são conhecidas e explicadas em seus movimentos e características essenciais; deixaram de ser mistério. Hoje temos outros deuses que nos atraem com a sua fascinação, com o seu afastamento e o seu mistério. Não chegamos a eles. São a fama, o bom nome, o comodismo, o prazer, o poder... Vemo-los encarnados nas figuras de moda ou nas novelas da TV. São os verdadeiros deuses que se vão apossando, cada vez mais, da nossa vida. Os sentimentos, ilusões, projetos, o dinamismo que constitui a nossa forma de ser, estão regidos por esses *valores* que deslumbram como as lantejoulas com que se adornam. Não é que o poder seja ruim; mas quem é capaz de usar bem dele? Nem tampouco o prazer...; existe prazer no mais fundamental da existência: o alimento, a amizade, o amor... mas sabemos diferenciar a finalidade das coisas do brilho que as adorna? Sabemos separar o agradável, o fácil daquilo que é autêntico e sincero?

Um grupo sabe que, para crescer e amadurecer, deve ser autêntico e sincero; a comunicação de todos com todos baseia-se na sinceridade e no desejo de ajuda mútua. Isto é algo que está longe da bajulação e do "irenismo". Um grupo não se converterá jamais numa Comunidade, se apenas pretende conservar um clima agradável e negligência levar para a frente a sua tarefa. Isso seria uma conversa de café! Haverá ocasiões em que terão de falar coisas sérias, que não agradem a todos nem acariciem os seus ouvidos. Nesses momentos, dizer o contrário daquilo que se pensa ou, simplesmente, calar é uma traição; não está colaborando com algo que deve constituir o rumo dos esforços de todos: a ajuda aos outros! Ora, "ajuda", às vezes, é sinônimo de descobrir aquilo que não é correto, de repreender ou de interpelar; o que não é agradável: o ditado "quem bem te quer far-te-á chorar" é uma forma popular de dizer que o crescimento espontâneo do homem "ao Deus dirá", sem nenhum controle, não tem por que ser equivalente do melhor para cada um. Não somos anjos. As coisas nos subjugam, fascina-nos o brilho do dinheiro, o estrépito da fama, as reverências da posição social. Sem cairmos na conta, encontramo-nos longe do nosso eu, do melhor do nosso ser. Somos como esses barcos que, ao atravessar as correntes marinhas, são desviados do seu rumo, tão insensivelmente que ninguém percebe o erro. O grupo deve estar alerta a essas "derivas", e atuar como interpelador e corretor. Não é agradável o ter de se enfrentar com a verdade; muito menos, porém, é chegar à destruição da verdadeira imagem do cristão, que cada um de nós deve esculpir em sua conduta.

3. "Como não descobriram o SENHOR de tais coisas?"

O livro da Sabedoria, quando reflete sobre a beleza e a majestade da Criação, chega quase a desculpar aqueles sábios da antiguidade que, fascinados por tudo aquilo que viam ao seu redor, acreditaram na presença dos deuses: "Estes, no entanto, merecem menos repreensão. . ."; pouca. . . Ante isto, porém, o autor reage: "Todavia, nem estes são isentos de culpa. . ." A razão para isso encontra-a na falta de confiança em si próprios, na própria capacidade de dedução: "Se foram capazes de conhecer coisas tão sublimes. . . investigar o mundo. . .", POR QUE pararam aí? Por que não continuaram a se interrogar sobre o autor de tudo aquilo? Como não se detiveram a considerar que era o seu Senhor?

Talvez hoje também poderiam ser dirigidas a nós essas repreensões. Não ficamos na metade do caminho, quando, fascinados pela atração da criação, paramos, sem darmos o salto à procura do fim, do para que tudo isto? O erro não está em apreciar a criação. É algo necessário e justo: não reconhecê-lo seria uma injustiça para com o Criador, ou uma estupidez da mente humana, como a da velha raposa que, ao não poder atingir as uvas, altas demais para os seus curtos pulos, foi embora displicente, comentando para si: "Estão verdes!" A Criação é maravilhosa e as coisas são estupendas, mas *têm uma finalidade*! Uma finalidade que precisa ser respeitada e que não pode ser deturpada: "SÃO CRIADAS PARA O HOMEM, A FIM DE AJUDÁ-LO A CONSEGUIR O FIM PARA QUE FOI CRIADO". Todas elas apresentam esta grande marca: RELATIVAS A... Ser para ajudar a...

A finalidade delas é levar o homem à descoberta do seu Criador, a reconhecer que é criatura d'Ele e a consolidar as relações com Ele. Tudo o que for direcionado para lá, estará dentro da ordem; para um cristão, isso é fazer com que o serviço da criatura seja implantar o Reino do Filho, para o qual foi chamado. As coisas, portanto, para um cristão, são o meio ótimo e indispensável para preencher a existência: dinheiro, saúde, tempo, beleza, sabedoria, cultura, relacionamentos sociais, vida interior, Comunidade... ao serviço de...!

ORIENTAÇÃO DE VIDA

1 — Como avalio as coisas que me rodeiam?
Admiro o bom, belo, agradável...?
Tenho medo de olhar a Criação de frente?

2 — Sinto a força das coisas...? Deixo-me "fascinar" por elas?
Tenho a impressão de que tudo o que é agradável é ruim...?

3 — Sou capaz de separar o "agradável" daquilo "que me ajuda"?
Compreendo a finalidade da Criação?
Ela me leva a admirar e compreender o seu SENHOR?

TESTEMUNHO

"O nosso Padre está com saúde regular e beija muitas vezes as mãos de V.m.; não deixaremos de encomendar a Deus as coisas de V.m., pois, além do caminho para Bruxelas, fica um outro mais longo até a nossa pátria celestial; e sempre devemos lembrar que somos peregrinos até chegarmos lá.

E não nos afeiçoaremos tanto às pousadas e terras por onde passamos, de sorte que esqueçamos aonde vamos, ou percamos o amor pelo nosso fim.

Pois, para consegui-lo melhor, o nosso Pai Eterno deu-nos o uso de todas as suas criaturas; não para nos amarrar com um amor a elas tão grande que, por causa dos bens temporais e imperfeitos desta breve vida, percamos os eternos e perfeitíssimos daquela que deve ser perpétua.

Da qual imprudência, embora pareça bastante manifesta a qualquer homem de entendimento ilustrado com a Santa fé, às vezes, não tomam conhecimento nem os prudentes deste mundo.

Acontece isto porque alguém anda derramado, fora de si, e não entra quase nunca dentro de si, com a atenção devida, mas gasta as luzes do entendimento e as ocupa sempre com as coisas que vêm pouco ao caso e não as aplica às que importam sumamente para a própria bem-aventurança.

Assim transcorre a vida toda a procurar como passá-la com honra, contentamento e prosperidade, durante estes poucos dias da peregrinação presente e não providenciam aquilo que lhes será causa de riqueza, honra e prosperidade e contentamento inestimável na pátria celeste."

S. INÁCIO DE LOYOLA,
"Carta ao Sr. Antônio Enríquez",
em *Obras completas*,
Ed. BAC, Madri, 1952, pp. 869-870.

10

Sétima reunião:

"A FORÇA INTEGRADORA DO EU"

Princípio e Fundamento (EE. 23):

"...Donde se segue que (o homem) HÁ DE USAR DELAS
TANTO QUANTO O AJUDEM A ATINGIR O SEU FIM,
E HÁ DE PRIVAR-SE DELAS TANTO
QUANTO DELE O AFASTEM.
Pelo que é necessário TORNAR-NOS INDIFERENTES
a respeito de todas as coisas criadas... de tal maneira que,
DE NOSSA PARTE, NÃO QUEIRAMOS
MAIS SAÚDE QUE DOENÇA,
RIQUEZA QUE POBREZA, HONRA QUE DESONRA,
VIDA LONGA QUE BREVE...
e assim por diante EM TUDO O MAIS"

"Mas ESSAS QUE ERAM VANTAGENS PARA MIM, AS CONSIDERO DESVANTAGENS POR CAUSA DE CRISTO. Sim, considero tudo isso uma perda em comparação com a sublime vantagem de CONHECER A CRISTO JESUS, meu Senhor.

Por ELE, renunciei a tudo, e passei a considerar tudo uma imundície, PARA GANHAR A CRISTO. E PARA ESTAR UNIDO A ELE, não mais com minha justiça, aquela que vem da Lei,
mas com a justiça que vem pela fé em Cristo,
aquela que é dom de Deus e está fundada na fé.
. . . . . .

Não que eu já tenha alcançado isso ou
já me tenha tornado perfeito:
mas corro para o conquistar,
porque para isso Cristo me conquistou.

Não, meus irmãos, eu não me glorio de já ter alcançado a meta.
SÓ FAÇO UMA COISA:
esquecendo o que fica para trás,
com todo o meu ser continuo correndo para a frente.
ESFORÇO-ME POR ALCANÇAR A META,
EM VISTA DO PRÊMIO QUE É A VOCAÇÃO A QUE DEUS ME CHAMOU DO ALTO,
EM CRISTO JESUS."

(*Fl* 3,7-14)

"Ela se perturbou com estas palavras...
— Como se fará isso...?
— O Espírito Santo virá sobre ti...
porque a Deus nada é impossível.
— EIS AQUI A SERVA DO SEHOR.
SEJA-ME FEITO SEGUNDO A TUA PALAVRA."

(*Lc* 1,29-38)

REFLEXÃO DE GRUPO

A FORÇA ESTÁ NO AMOR DA PESSOA

Na reunião anterior, colocamos um exemplo gráfico, para indicar o absurdo em que freqüentemente caímos: ninguém escolhe o trem por causa de suas aparências, mas pela destinação aonde deseja chegar; com palavras de Paulo, poder-se-ia dizer que a "atração da meta" é o que decide. Quem não tem vontade de chegar a um lugar acha mil excusas para se desviar do caminho ou para multiplicar as paradas. Um atleta que duvide sobre suas possibilidades de sucesso não achará motivação alguma para aceitar as imposições restritivas exigidas por um treino para uma alta competição. Perante as renúncias a certos tipos de comidas ou de lazer, ou as penalidades de um esforço contínuo, estaria a se perguntar constantemente: "E tudo isso, para quê? o que ganho eu com tal sofrimento? paga a pena?" O ruim é que todo o mundo se pode fazer estas perguntas, porque ninguém está seguro do sucesso. Não conhecemos o futuro, e todas as decisões que tomamos a respeito de um fim distante são um risco, um investimento. Arrisca-se o estudante que prefere os seus livros a todo lazer; o empresário que não se contenta com umas relações trabalhistas regulamentadas pelas portarias do Ministério, mas procura um conhecimento e um trato humano mais próximo com seus empregados; é um voto de confiança àquele que se dão mutuamente marido e mulher, quando procuram a realização e crescimento autônomo de cada um deles, sem escravidões nem subjugações; ou o professor que trata de desenvolver, de forma integral, com o seu ensinamento, todas as potencialidades de seus alunos, sem submetê-los à domesticação facilitada pela prepotência da nota. São aventuras que podem ser iniciadas, se existe um grande desejo do fim, um convencimento de que essa meta é a correta e que, sem ela, não teria sentido nada do que for feito.

Aquele que duvida ou que apenas tolera entrar no jogo como uma concessão, sem nenhum convencimento, em pouco tempo jogará a toalha, diante da primeira dificuldade que se apresentar. Tudo, na vida, requer um grau de aceitação do sofrimento e da contradição, de resistência à frustração, porque o mundo em que vivemos é assim; nada é simples nem tão domesticável que baste formular um desejo para que o vejamos feito realidade. As coisas se resistem, as pessoas não mudam, não são capazes de sintonizar com os nossos projetos, nem nós sabemos vender o produto tão bem que receba mais aceitação do que rejeições. Por tudo isso, os nossos esforços se vêem contestados com maior ou menor virulência e requerem grandes doses de paciência e perseverança; mas isto só se consegue se houver uma aposta total e convicta pelo fim.

1. "Essas que eram vantagens para mim, as considero desvantagens..."

São Paulo nos fala aqui de tudo o que é "dele"; aquilo que estava unido de coração ao seu próprio ser; judeu, da tribo de Benjamim, fariseu... Aquilo que constituía o centro de sua vida, o motor de suas ações, que era sua retidão pessoal a toda prova, que merecera a confiança das autoridades de seu povo, para levar a cabo a "operação limpeza" de cristãos em Damasco. Tudo isso muda quando encontra Jesus no caminho. A partir desse momento, já não terá valor nada do que até então constituía o tesouro, a pérola preciosa... "Considero tudo isso uma perda!" A luz com que agora se enxergam as coisas é nova e diferente: o branco se enxerga preto... e o preto, branco. Paulo fora um homem de convicções firmes, pelas quais sempre lutara, por isso, quando Jesus o derruba do cavalo (ou como dizemos mais popularmente, quando "caiu do burro"), Paulo muda a valorização, mas não a firmeza e a radicalidade do compromisso. Antes pensava estar aproveitando a sua vida do melhor modo possível: errou! Agora pensa do mesmo modo, mas numa outra direção.

Na nossa vida, existem lucros e perdas? Há uma profundidade no compromisso? O que é mais urgente para nós: conhecermos o caminho ou possuirmos a decisão de empreendê-lo?

Quando Inácio nos fala da sua "Regra do tanto quanto...", está tirando as conseqüências das premissas que estabeleceu nas afirmações anteriores do Princípio e Fundamento. Não pode ser de um outro modo, se não conhecemos o nosso fim enquanto homens e o fim das criaturas, colocadas nas nossas mãos para que nos ajudem. Não fica uma outra alternativa, a não ser que "o fim", a meta, o ideal não tenham para nós nenhum interesse. Paulo muda de orientação, porque compreendeu o seu erro, porque descobriu que todos os esforços que fazia para servir a seu Deus eram inúteis e positivamente errôneos...; contudo, nele há sempre um único desejo: o serviço de seu Deus.

É isto precisamente o que está em jogo: fica para nós claro e assumimos pessoalmente aquilo que queremos fazer e servir na nossa vida? A "regra do tanto" descobre uma das mais tristes falhas humanas: por que, se a coisa é tão meridianamente lógica, esta regra não se impõe como uma norma de conduta? Obscurece-se a sua luminosidade porque não estamos DECIDIDOS em favor do fim; porque nunca fizemos uma opção explícita por ele; porque temos medo de um compromisso radical; porque isto exige não ter no alvo nada mais do que uma coisa, o fim, e afastar qualquer outro componente (eu gosto, apetece-me... custa-me... tenho nojo... eu... eu...!) que esteja a indicar que o fim não é outro senão o de "dar gosto ao corpo", o egoísmo disfarçado do que for.

2. "Tornar-nos indiferentes a respeito de todas as coisas criadas..."

Se o que está em jogo é o próprio eu e, ainda mais, o gosto ou desgosto pessoal, então as coisas se enxergam de um outro modo: de acordo com a dose de agrado ou desagrado que podem produzir; não fica nem sombra do fim último para o qual foram criadas. Se, porém, antes de optarmos pelas coisas (local de trabalho, compromisso cívico, voto político, escolha de carreira ou especialidade, moradia, estilo de vida, formação permanente, noivado ou matrimônio...), considerarmos a sua relação com o fim e o seu custo pessoal, deveremos ficar muito atentos, a fim de medir a sua eficácia. Como também teremos de abrir bem os olhos e cultivar a sinceridade, a fim de descobrirmos tudo aquilo que nos possa conduzir ao erro. Sem pretendê-lo, no mínimo descuido, teremos a impressão de que as coisas não estão claras, de que as formulações não são corretas, ou de que os outros não aprovam aquilo que estamos fazendo ou, simplesmente, que é tão difícil, tão imposísvel que não paga a pena... o fundo, são cortinas de fumaça que o nosso egoísmo lança, para nos conduzir por um outro caminho... mas com muito cuidado para não ser percebido.

A atitude de indiferença é uma atitude de combate contra todos esses arrazoados "sensatos" que querem transformar a nossa deliberação numa aceitação rotineira daquilo que todos fazem. Para que se torturar...? Você não vê os outros...? E não são tão bons cristãos quanto você...? É que você pensa umas coisas tão esquisitas...! Todos esses "pré-conceitos" nos assaltam e não nos deixam em paz; mas são exatamente isso: pré-conceitos, quer dizer, atitudes que adotamos previamente, sem crítica nem reflexão alguma. São idéias-"bonde", nas quais embarcamos facilmente e pelas quais nos deixamos conduzir. É isso o que temos de combater. Ser indiferente não é escutar os cantos que o nosso egoísmo nos envia para distrair-nos da nossa reflexão e análise no uso das coisas.

Maria, com essa frase esplêndida, situa-nos perante uma verdadeira indiferença: Eis aqui a serva do Senhor! A coisa não era fácil de compreender, e muito menos de aceitar: ser mãe do Messias!, e numas circunstâncias tão pouco críveis, com conseqüências tão pouco agradáveis. Olhadas de um outro ângulo, as palavras do anjo poderiam soar a excelência e maravilhas. Nada disso está na ótica de Maria. Ela não era o centro, mas o Senhor! Perante a dificuldade, interroga-se: como? O estranho produz temor. Não temas, o Senhor está contigo! O caminho fica livre; se é a sua vontade, e se a força d'Ele está comprometida, só fica uma saída: "ACEITAÇÃO POSITIVA"; uma opção pessoal que rompe com todo tipo de indiferença. De novo torna a ficar manifesto que já existe uma decisão firme pelo fim: o serviço. A indiferença existe até o momento anterior à decisão; uma vez, porém, que é conhecido aquilo que Deus quer, passa a ser o único motivo, centro de todos os esforços.

3. "Desejando e escolhendo apenas o que MAIS nos conduz ao fim..." "Só faço uma coisa: esquecendo o que fica para trás..."

Não existem outras considerações, nem há outras razões de peso. SÓ... SOMENTE... quer dizer, que todo o resto são pormenores sem valor algum para a tomada de decisão. Não quer dizer que o sentimento, as apetências ou o gosto não se manifestem. Ser cristão não é ser uma "purfa" ou um têmpano de gelo; cada um tem as suas debilidades e os seus pontos fracos, que aparecerão em todo momento; não faltaria mais! Às vezes, acreditamos que os santos eram de ferro ou de um barro diferente do nosso; que onde os outros encontramos asperezas, resistências e nojo positivo, eles percebiam sensações agradáveis e músicas celestiais. Acho que equivale a fincar o pé na realidade o ficar sabendo que a pessoa é mais pessoa quanto mais capaz for de integrar a realidade que a rodeia com a sua vida... a realidade que a rodeia!; não outra. Nem fazer mágicas para pretender ir pela vida de flor em flor. A vida está composta de coisas agradáveis e desagradáveis, e não conseguimos peneirá-las, nem rociá-las com um "spray" para que mudem de signo. A pessoa que tem convicções as desenvolverá e acomodará a elas a sua conduta. Se a convicção central da sua vida for o SERVIÇO, quererá servir sempre e em todo momento, mesmo que tenha de fazê-lo com aquele que cheira mal, que tem mau humor, que é desagradecido... Para quem o rumo de sua vida indica "passar por ela com o maior prazer possível", os seus esforços serão orientados a selecionar as ocasiões que lhe ofereçam maiores possibilidades, com o menor risco de dor... ou fugir de tudo aquilo que lhe possa produzir a mais leve contrariedade.

A cada um produz maior satisfação conseguir, em todo momento, aquilo que é o mais central de sua existência. Por isso, o primeiro é DESEJAR e, depois, ESCOLHER. Quem deseja escolher uma meta, já viveu um processo de adesão a ela. Deseja-a porque conhece que somente assim poderá atingir aquilo que contempla como centro de sua vida. O difícil é este passo, DESEJAR, chegar a amarrar na mesma carroça o pensamento, o sentimento e os desejos, com o olhar fito no FIM. Isto é integração pessoal; aqui não há deslocamentos nem divisões esquizofrênicas, em que cada força puxa para um lado distinto: assim as carroças não andam!

ORIENTAÇÃO DE VIDA

1 — Compreendi a importância da INDIFERENÇA = DISPONIBILIDADE?
Que idéias, sentimentos, aversões estão mais arraigados em mim?
O que me custa mais deixar ou fazer, em casa. no trabalho, no grupo...?
Tenho ainda medos "insuperáveis"? o que temo na minha vida?

2 — Estou compreendendo aquilo que Jesus quer de mim?
A figura de Jesus se me vai tornando mais próxima?
Confio na sua bondade mais do que nas minhas forças?
A figura de Maria me anima a ficar disponível?

3 — Como vivi estes dias?
Tive oportunidade de aplicar a Regra do TANTO-QUANTO?
Esforço-me para DESEJAR viver plenamente o PLANO DE DEUS?
Há no grupo alguma coisa diante da qual eu não estou indiferente, disponível?

TESTEMUNHO

"Eu ia mendigando, de porta em porta, pelo caminho da aldeia, quando a tua carruagem de ouro apareceu ao longe, como um sonho magnífico. Perguntava-me maravilhado quem seria aquele Rei de reis.

As minhas esperanças voaram até o céu e pensei que os meus dias ruins terminaram. Fiquei aguardando esmolas espontâneas, tesouros derramados sobre a poeira.

A carruagem parou ao meu lado. Olhaste-me e desceste sorrindo. Senti que a felicidade da vida chegara, finalmente, até mim. De repente, tu estendeste a tua destra, dizendo-me:

'Podes dar-me alguma coisa?' Ah, que idéias as da tua realeza! Pedir a um mendigo! Eu estava confuso e não sabia o que fazer. Depois tirei, devagar, da minha trouxa um grãozinho de trigo e to dei. Qual não seria a minha surpresa quando, ao esvaziar à tarde a minha trouxa, achei um GRÃOZINHO DE OURO, no meio da minha miséria... Quão amargamente chorei, por não ter tido a coragem de te dar tudo!"

Rabindranath TAGORE
"Oferenda Lírica",
em *Obra escogida*
Ed. Aguilar, Madri, 1958[3], p. 201.

11

Oitava reunião:

"MARIA, A DISPONÍVEL"

Princípio e Fundamento (EE. 23):

"...DESEJANDO E ESCOLHENDO APENAS
O QUE MAIS NOS CONDUZ
AO FIM PARA QUE FOMOS CRIADOS"

"Maria disse então:

— Eis aqui a serva do Senhor. Seja feito segundo a tua palavra."

(*Lc* 1,38)

"Maria se dirigiu a toda a pressa para a região montanhosa,
a uma cidade da Judéia. Entrou na casa de Zacarias
e saudou Isabel.

Quando Isabel ouviu a saudação de Maria,
o menino saltou no seio dela
e ficou cheia do Espírito Santo.

Então exclamou em voz alta:

— Bendita és tu entre as mulheres e bendito é o fruto do teu seio! (...) Sim, feliz a que acreditou na realização do que lhe foi dito da parte do Senhor!

Então, Maria disse:

— Minha alma engrandece o Senhor,
meu espírito alegra-se intensamente em Deus meu Salvador,
porque olhou para a humildade de sua serva.
De agora em diante, todas as gerações me chamarão
bem-aventurada,
porque o Todo-Poderoso fez por mim grandes coisas.
Santo é seu Nome
e sua misericórdia se estende de geração em geração
sobre os que o temem.
Manifestou a força de seu braço,
dispersou os homens de coração soberbo.
Derrubou os poderosos de seus tronos
e elevou os humildes.
Deixou os famintos satisfeitos,
despediu os ricos de mãos vazias.

. . . . . .

Maria ficou cerca de três meses com Isabel. Depois voltou para a sua casa."

(*Lc* 1,39-56)

REFLEXÃO DE GRUPO

LIVRES PARA SERVIR AOS OUTROS

O serviço aos outros é uma conseqüência das diferenças que existem na sociedade humana. Ninguém é capaz de ser auto-suficiente; todos precisamos dos outros, em um ou outro aspecto da vida, numa medida maior ou menor. Isto é evidente. Existe, porém, algo a mais. Essa necessidade é também aquilo que nos faz sair de nós mesmos, para nos aproximar do outro. Já pensamos o que nos aconteceria se não tivéssemos nenhuma necessidade de cobrir com atividades realizadas pelos outros? Seríamos "Robinsões", no meio das cidades. A necessidade nos leva a nos relacionarmos com o padeiro, o sapateiro, o guarda, o professor, o amigo, os pais, os irmãos... Todos precisamos de todos, e muito mais do que acreditamos. Estas necessidades são materiais e, se as não cobríssemos, a sua falta se deixaria sentir tão abrumadoramente que a vida ficaria como que interrompida; não poderia prosseguir.

Existem outras necessidades que não são externamente tão prementes, que não se percebem tanto; contudo, não são menos angustiantes. Necessidades que nós não sentimos e sim os outros. Somos cabeçudos, rígidos, inflexíveis ou preguiçosos, descurados, insensíveis... Não vamos procurando o remédio para isto. Gostamos do jeito que somos; ao menos, pactuamos com as nossas debilidades, acostumamo-nos e chegamos a nos persuadir que, neste campo, somos auto-suficientes: Que aqui não entre ninguém...! Eu me basto a mim mesmo...! É assim como a gente tem de ser...!

Necessidades materiais que devemos satisfazer. Necessidades pessoais que precisam de ajuda. Todos temos necessidade dos outros e todos podemos e devemos SERVIR os outros.

O serviço, contudo, é algo que deve ser realizado voluntariamente. Um serviço forçado é uma escravidão, uma anulação da pessoa. Essa violência que obriga a servir é tão triste se nasce de fora quanto se nasce de dentro. Não se serve a não ser quando o serviço nasce de um desejo sincero de servir; quando a gente é livre para escolher, "desejando e escolhendo apenas...".

1. "Feliz a que acreditou..."

Quando o desejo está presente e vivo, basta uma palavra, uma informação, para que se produza a determinação, a escolha. Maria assumira, desde sempre, a sua situação de criatura e de serviço. Crera no seu Senhor, aceitara o seu destino de serviço. Crer é prestar uma adesão firme e total à pessoa em quem se acredita, em quem se confia. Essa adesão conduz à identificação, a querer ser como ele, aconteça o que acontecer. Não importam as conseqüências, não se olha para elas, nem se calcula se a coisa será ou não agradável, se poderá ou não ser realizada; procura-se unicamente ser como aquele a quem a gente aderiu. E Maria confiara plenamente no Senhor. A meta dela era ser a sua escrava, a sua servidora. Ora, quem serve não olha quais as situações. Serve sempre. Ela estava disposta a servir ao Senhor, sendo a Mãe do seu Filho; não, porém, pelo brilho ou pelo renome que lhe iria proporcionar; ela o sabia!: "Todas as gerações me chamarão bem-aventurada...!"; mas não era esse o motivo. Se o Senhor a quer como Mãe, ela o será; se o Senhor a quer como servidora de Isabel, ela servirá. O decisivo é o querer do Senhor. Em Maria, já não há mais do que um querer, o de Deus; ela está fixa, como a agulha da bússola, olhando sempre para o Norte.

As nossas intenções são sempre simples e singelas? Ou há nelas antes uma mistura? É certo que na nossa vida os desejos costumam ser complexos e difíceis de definir, mas não será que nos falta a fé, quer dizer, a confiança, a entrega plena à palavra do Senhor? Os nossos cálculos e raciocínios não são excusas e evasões com as quais pretendemos justificar o nosso raquítico compromisso com o Senhor? Tanto nas nossas relações familiares e sociais como na vida do grupo ou no serviço aos mais necessitados. Em todo momento, a fé na palavra do Senhor, a entrega a suas exigências, nos devem conduzir à atitude de Maria: "Seja feito...". Mas de uma forma ativa, não meramente passiva: Devo, tenho de... cumprir o que você disse! Isso não é outra coisa senão dar plenitude ao Plano de Deus neste pedaço ou parcela da sua herança que me coube em sorte: SERVIR. Servi-Lo em seus filhos; nos mais esquecidos pelos outros; nas coisas que foram criadas para todos.

2. "Maria se dirigiu a toda a pressa para a região montanhosa"

Quem concebera em seu seio o Filho de Deus não podia fazer outra coisa: "Após a Anunciação, Nossa Senhora tinha toda a razão para se consagrar exclusivamente ao mistério que a comovia e ao Menino que nela crescia. Por que não se recolher sobre si mesma, a fim de desfrutar da bondade do Senhor e descansar na Contemplação dessa Trindade que, através dela, realiza a Salvação dos homens? Contudo, Ela não olha para si, como Narciso; não fica no interior de sua própria casa; permanece, ao contrário, com a sua prima, para ajudá-la. A graça, da qual está cheia, a impulsiona para fora de sua casa, para fora de sua própria vida, para tomar o caminho da montanha e para ser, em nome do Senhor, uma mulher para os outros, em lugar de ser ela mesma" (H.-P. KOLVENBACH, "Discurso às CVX, sobre Maria", Edições Loyola, 1986).

Maria se dirigiu "a toda a pressa"...; para quem é livre, não existem amarras; não tem necessidade de muitos preparativos nem de grandes despedidas. A Maria bastava o amor total a seu Senhor, a quem tinha dentro de si mesma. Isso a tornava livre de toda amarra e capaz de correr para junto de sua prima, que precisava do serviço dela. Quem levava Jesus tão dentro dela mesma, como não haveria de escutar a voz d'Ele, mesmo que a chamasse de tão longe, na voz de sua prima Isabel?

O que é que impede a nossa liberdade para o serviço? Cada um tem o seu "calcanhar de Aquiles" e sabe "onde aperta o sapato". Hoje, ao compreendermos e admirarmos a figura de Maria, deveriam ficar claras para nós as nossas covardias, passividades, resistências, medos, repugnâncias... não são outra coisa senão amarras, faltas de liberdade, pois o nosso amor não se encontra bem centrado; porque, sem querer, escamoteamos algo da nossa dedicação e desviamos o nosso interesse em direção a alguma criatura ou apetência nossa, em lugar de dirigirmos toda a nossa energia e a nossa vida para o fim que Deus nos confiou: sermos servidores d'Ele em nossos irmãos.

3. "Minha alma engrandece o Senhor..."

Neste cântico de Maria, vamos olhar os dois interlocutores principais: Maria e o Senhor. Os sentimentos de Maria são a alegria e o gozo produzidos ao contemplar as obras do Senhor, hoje e sempre; com seu Povo e com Maria. "Olhou para a humildade...", "sua misericórdia se estende sobre os que o temem...", "manifestou a força...", "dispersou...", "derrubou... e elevou...", "deixou satisfeitos...", "despediu de mãos vazias...".

O gozo de Maria nasce de uma experiência pessoal de humilhação em que o Senhor interveio com força, para erguê-la e tirar-lhe o opróbrio. Um gesto do Senhor, que se mostrou como Pai misericordioso que não abandona os seus filhos. Um fato portentoso que Maria soube ler: foi em favor dela, mas não foi tão extraordinário nem tão raro que o Senhor não o tivesse feito antes nem que não o possa tornar a repetir: "Sua misericórdia se estende de geração em geração...". Sempre que o pobre, o humilde, o faminto ou humilhado perceberem a injustiça sobre si, poderão levantar os olhos ao Senhor, à espera de ajuda. De uma ajuda que já experimentaram como salvação; por isso, hoje são mensageiros da misericórdia e do Amor do Pai. Por isso Maria vai às pressas à casa de sua prima. O Senhor a libertou, fez coisas grandes em seu favor... agora Ela é portadora de salvação e de ajuda para quem precisar.

O auto-suficiente, o solitário, aquele que não precisa de nada nem de ninguém, é aquele que nunca verá a salvação do Senhor, nem se transformará em salvação para os outros. Permanecerá fechado no seu castelo pessoal, "nem invejado nem invejoso", mas também "nem amado nem capaz de amar".

ORIENTAÇÃO DE VIDA

1 — Compreendo melhor a figura de Maria?
O que é que me impressiona no seu cântico?

2 — Reconheço que as minhas falhas e limitações servem para melhor conhecer a misericórdia do Senhor?
Deixo-me ajudar por outros... famílias, grupo...?

3 — Sinto-me mais livre no meu interior?
Toma forças em mim o desejo de servir?

TESTEMUNHO

"Se você tem duas camisas,
venda uma e compre
uma flor.

Melhor:
se você tem duas camisas,
dê uma de presente e colha, no campo,
uma flor.

Ainda melhor:
se você tem duas camisas,
dê uma de presente
e dê também
uma flor."

12

AVALIAÇÃO DESTA ETAPA

1. OBJETIVOS PESSOAIS

— Aprecio as pessoas de meu grupo como um dom do Senhor?

— Descobri nelas as suas peculiaridades e as recebo como uma riqueza do nosso grupo?

— Descobri as minhas qualidades e defeitos como dom do Pai para mim e para o grupo?

— Está ficando algo habitual para mim o fazer a "oração sobre a vida?"

— Os acontecimentos diários são interpretados à luz do Princípio e Fundamento, como momentos de encontro com Deus?

— Estou passando, de uma mera aceitação do Plano de Deus, para uma estima e avaliação positiva? Sinto-me um filho "privilegiado" do Senhor?

— Cresceu a minha disponibilidade para realizar aquilo que o Senhor deseja de mim?

— A figura de Maria me anima a seguir as suas pegadas?

2. OBJETIVOS GRUPAIS

— As comunicações são mais pessoais: são comunicados os sentimentos, as considerações... próprios perante os acontecimentos da vida?

— Cresce o sentimento de que o grupo é parte importante da minha vida cristã? É um dom da Criação do Pai "para que me ajude a alcançar o fim..."?

— Conheço mais profundamente todos e cada um dos membros do grupo? Parei para pensar neles?

— Estimo-os como pessoas amadas e queridas por Deus, "coroadas de glória e dignidade" (Sl 8)?

— Cresce o sentimento de disponibilidade, para que as comunicações sejam verdadeiramente "*livres*", à procura do fim...?

— Estamos superando a artificialidade, o ficar bem, o não ferir... a fim de procurar SOMENTE o bem dos outros?

3. OBJETIVOS DE SERVIÇO

— Aumentou o desejo de tornar realidade o fim: "*servir*"?

— Participei em alguma atividade de serviço, dentro ou fora do Centro ou paróquia?

— Estas atividades me mostraram um novo conceito de Criação?

— Percebi que a minha ação era uma colaboração pequena, mas real, com o Senhor, para melhorar a sua criação?

— Dei graças ao Senhor por aquilo que sou (o que Ele me deu) e por aquilo que posso dar?

— Descobri a necessidade de estar disponível para o serviço?
Empolgo-me excessivamente com aquilo que faço?
Tenho motivações "ocultas" nas minhas atuações?

— Descubro a verdadeira figura de Maria, ao comparar o serviço dela e o meu?

13

FRASES MORTAIS PARA A CRIATIVIDADE DE UM GRUPO

1. Isto não foi feito para grupos como o nosso...
2. Isto não é mais do que demagogia barata...
3. Isto não tem nada a ver com a realidade...
4. Todas essas coisas são puro humanismo...
5. Isto não pode ser vivido numa sociedade como a atual...
6. O que precisa é estudar as coisas em profundidade...
7. Já é tarde demais para essas coisas...
8. Acho que ainda não estamos preparados para dar esse passo...
9. Desconfio de que tudo isso não está muito de acordo com os ensinamentos da Igreja...
10. Onde está isso no Evangelho?
11. Parece-me que temos pressa demais em fazer...
12. Com as forças que temos, não se pode pedir uma outra coisa...
13. Somos tão poucos e tão insignificantes, que não podemos mudar nada!
14. Essas coisas não têm valor nenhum... tudo vai continuar igual...
15. Acho que isso não está dentro do espírito ou do carisma do nosso grupo.
16. Para fazermos estas coisas bem feitas, precisamos de muitíssimo tempo...
17. Quem pode dispor de tanto tempo para fazer isso bem...?
18. Penso que estamos nos metendo em complicações demais...
19. É melhor não começar uma coisa que depois vai ter de ser abandonada...
20. Devemos atuar em coisas mais vitais... isto outros o podem fazer!

21. Acho que essa decisão não vai ser aprovada pela maioria...
22. Até agora fomos bons cristãos sem nada disso...
23. Será que até agora não se sabia o que é ser cristão?
24. Será que tudo isso é necessário para se salvar?
25. Não nos deram uma educação adequada...!
26. A culpa de não estarmos preparados é da Igreja... dos padres...
27. Não serão precisos alguns cursos de reciclagem para aqueles que nos dirigem?
28. Acho que, "em teoria", deveria ser assim; mas, do dito ao fato...!
29. Temos de botar os pés na terra... tudo isso são sonhos utópicos...
30. O que é que os nossos filhos vão dizer...!
31. Deveremos contar para os nossos filhos... porque também os afeta!
32. Estou convencido de que cada coisa tem seu tempo... o meu já passou...
33. Mudanças não, por favor! Já estou velho demais para essas coisas!
34. Não me parece um exemplo que se possa imitar... cada qual tem as suas exigências...
35. Vão pensar que estamos malucos...!
36. Vou pensar... (Vou consultar o travesseiro.)
37. Acho que vocês não compreendem a minha situação... Para mim, é impossível...
38. Não se trata de muito modernismo?
39. Acho que estamos descurando o principal...
40. Isto eu já estou fazendo desde que tenho uso da razão...
41. O melhor é nomear uma comissão que estude a fundo o assunto...
42. Antes de tomarmos uma decisão, é preciso abrir um debate e consultar as bases... não acham?
43. Mas o que é que queremos? O grupo aumenta, o diálogo melhora... há maior confiança entre uns e outros...
44. Acho que, se nos tornamos muito exigentes, vamos ficar sozinhos...
45. O melhor é inimigo do bom, não é verdade? (A virtude está no meio.)
46. Precisamos manter a unidade do grupo acima de tudo.
47. Acho que se fulano levantasse a cabeça iria morrer de novo.
48. Acho que isso não vai agradar à... Diretoria... Presidência... (da Paróquia... do Centro... do partido... da associação... etc.).
49. Compreendo... compreendo... mas o que podemos fazer...?
50. ...A de você...

(Adaptado de Simon P. ALBERT, "As relações interpessoais".)

Terceira Parte

DOCUMENTOS PARA ESTA ETAPA DE CONSOLIDAÇÃO

14

A CONSOLIDAÇÃO DA COMUNIDADE

CARACTERÍSTICAS DESTA ETAPA

A etapa anterior abre o grupo para um crescimento positivo e esperançoso; cada membro do grupo descobre, em si e nos outros, umas qualidades pessoais, muitas vezes inéditas, e as possibilidades de desenvolvê-las mediante o exercício da oração-reflexão e da comunicação comunitária. É especialmente importante que essa etapa se viva com um crescente otimismo e uma visão esperançosa daquilo que o grupo pode ser. Estes sentimentos irão se tornando extensivos à própria vida e às circunstâncias que a rodeiam, de forma que se vá configurando um tipo de personalidade cristã caracterizada por uma estima cordial da vida e da finalidade que o Senhor lhe deu. Quanto maior for essa estima e apreço do fim, no qual não estará ausente um sentido cristológico do serviço, mais claro aparecerá quão justa e razoável é "a regra do tanto quanto", como expressão da indiferença-disponibilidade.

Estes sentimentos e atitudes positivos a respeito da vida, do amor do Senhor, da sua presença e do fim para o qual chama as suas criaturas são o meio indispensável para poder enfrentar uma etapa nova, que tem de abrir um espaço e acertar nada menos do que o problema do mal. Não é possível viver sempre numa redoma de vidro, sem tropeçar com o mal presente, tanto na própria pessoa como na sociedade; mas também não se pode abordar corretamente o mal sem uma visão luminosa, a partir da fé, daquilo que o homem e as coisas são; numa palavra, a Criação. Sem uma visão de fé, este mundo poderá ser explicado apenas através de muitas dificuldades e contradições. A fé nos situa numa ótica capaz de se elevar acima do cotidiano e rasteiro que, às vezes, nos afoga. Com excessiva freqüência, pretendeu-se — e, em épocas passadas, quase foi um denominador comum — levar a pessoa humana por um caminho sombrio, no qual se ressaltava o áspero e obscuro da vida, reservando a luz e as coisas aprazíveis para a outra vida, da qual nada era vislumbrado nesta; era assim a representação que se fazia de um Deus mais terrível e justiceiro do que próximo dos sentimentos do mais normal dos seres humanos. Que belo modo de entender aquilo de "eu sou Deus... não homem...", que os profetas aduziam para indicar a distância infinita entre a misericórdia e a bondade do Senhor, por um lado, e as da criatura, por outro! Como pode ser integrada uma realidade tão áspera, tão dura e tão real como o mal, numa visão positiva e cristã do criado?

1. O MAL É UMA EXPERIÊNCIA UNIVERSAL

Vivemo-lo tão continuamente que quase chega a nos insensibilizar, e só quando transpomos os "limiares" da proximidade ou do dramatismo podemos percebê-lo. Contudo, é algo que está dentro e fora de nós; algo que nos precedeu na aparição sobre esta terra e que deixaremos como herança aos que nos sucederem. Se, tanto a sociedade quanto o indivíduo, estão marcados por esta realidade, também a Comunidade cristã é um cenário para que nela o mal faça a sua aparição. A comunidade, naquilo que tem de pessoas e de sociedade, refletirá, de modo significativo, este aspecto: nela está o mal, porque estão a limitação e debilidade de cada um e porque a comunidade se constrói na inter-relação de todas e cada uma dessas ninharias e misérias que nos caracterizam. Aparecerá, portanto, e se manifestará tanto mais quanto maior tiver sido o crescimento e desenvolvimento da Comunidade. Se existe muita inibição, falta a confiança, há melindres, aparecerá em forma débil. A Comunidade ainda não terá crescido; as pessoas ainda não se manifestaram abertamente e tal qual são. Se as relações pessoais foram abundantes, sinceras, francas, a comunidade terá crescido e o mal aparecerá antes ou mais abundantemente. Pretender uma Comunidade bem inter-relacionada e sem a aparição do mal é enganar-se ou acreditar numa Comunidade angelical, não terrena. Como diz o ditado: "Não existe nenhum homem grande para ser camareiro".

A razão não se oculta a ninguém: o camareiro vê, está presente ao lado do "grande" homem quando é apenas um a mais, quando sente os efeitos do cansaço e da contradição, quando não faz "teatro", quando se mostra tal qual é; e aí aparecem os defeitos, egoísmos... tudo o que se oculta à vista dos espectadores. Numa Comunidade, manifestar-se-ão os traços mais significativos de cada pessoa; as preguiças, violências, cabeçudices, charlatanerias ou fechamentos..., e tudo isto provocará reações nas pessoas: rejeições ou identificações que, às vezes, podem conduzir a situações de tensão e desgosto geral.

2. DESCOBERTA E ACEITAÇÃO DAS POBREZAS E LIMITAÇÕES PRÓPRIAS

Uma Comunidade é, em todo momento, um palanque de confronto pessoal; mas as descobertas devem ficar ocultas na própria intimidade e servir para um conhecimento e mudança próprios. Contudo, nesta etapa, essas descobertas se manifestam no interior da Comunidade. Têm uma repercussão maior, porque vão ficar claras, para todos os membros, as tensões que se produzem entre eles; os sentimentos que certas afirmações ou formas de expressão comportam; incompreensões; avaliações pessoais excessivamente "convencidas"; lideranças pretensamente assumidas, contra a vontade dos outros membros; gracejos ou distensões fora de tempo... Tudo isto cria um certo desassossego na Comunidade; seria insensato pretender ocultá-lo; mas também seria desastroso pretender dramatizá-lo e deitar tudo a perder. Nem uma coisa, nem outra.

Em primeiro lugar, é preciso sermos conscientes daquilo que acontece e colocá-lo sobre a mesa com toda a autenticidade e sinceridade possíveis. Cada um aportará a sua experiência, a partir da sua sensibilidade e sendo tão claro e conciso quanto puder sê-lo. Em segundo lugar, aceitar a situação *com uma visão de fé*, como sinal da presença do mal e das limitações e pobrezas próprias. Não somos uma exceção; se a Igreja tem muitas manchas e precisa de perdão e purificação, a nossa Comunidade não pode ser mais do que uma parte desse Corpo de Cristo que deve estar, em todo momento, reconhecendo o seu pecado e aceitando o perdão e o Amor do Pai. Em terceiro lugar, *não fazer mudanças*; os momentos de tensão, de turbação e de obscuridade não são os indicados para mudar nada que se refira às pessoas (não mudar de uma comunidade para outra, nem abandonar...), nem também os métodos ou normas da própria Comunidade (estrutura das reuniões, duração das mesmas...). É preciso conseguir a serenidade com esforço, com dedicação à oração e à avaliação e com maior fidelidade da parte de todos. É conveniente rever as Regras para o discernimento e aplicar então aquilo que se diz a respeito da desolação.

3. O VALOR DO ASSESSOR

Neste momento, é importante o valor do Assessor, o qual não deve ser "parte" nos conflitos. O seu peso é excessivo. A sua atuação é importante para ir conduzindo a Comunidade para essa leitura de fé do acontecimento e procurando a objetividade, tanto no nível pessoal como grupal. O seu trabalho deve tender a que haja uma grande sinceridade e a que não fiquem coisas ocultas que depois possam originar processos recorrentes. Não ter medo das tensões.

Um outro aspecto a ser levado em conta, nesta etapa, é a dependência (ou autonomia) dos membros em relação ao Assessor. Quando surgem tensões e dificuldades, costumam aparecer certas atitudes pessoais. Uma delas é a que lança sobre o Assessor a culpa de tudo quanto acontece no grupo. Se existem tensões, é porque ele não soube cortá-las, ou porque as provocou. É um modo de pedir-lhe que termine com elas... do jeito que for!, porque ninguém suporta esse clima de tensão. Contudo, é conveniente ter presente que o Assessor nem o provocou nem o deve conter artificialmente ou por meio de um golpe de autoridade. Isso seria igual a condenar o grupo ao infantilismo e à imaturidade permanente. É o grupo quem deve assumir a sua responsabilidade, reconhecer as suas limitações, fazer com que os membros se aceitem mutuamente e acreditem em sua própria autonomia. Uma outra atitude é a de pretender resolver a situação sem entrar nela, voltando as costas à realidade e pretendendo retornar a posições anteriores. Antes de tudo, a paz e a tranqüilidade do grupo! Este retorno a etapas anteriores não resolve nada e cria maior mal-estar. A uns, as reuniões parecerão aborrecidas e inúteis; outros se sentirão reduzidos ao silêncio... por não poder dizer aquilo que sentem na verdade, e aquilo que há no seu interior. Quando se descobre uma etapa, mesmo que não seja mais do que avistada ao longe por alguns poucos, já é impossível dar marcha a ré. Os outros seguirão ou não aquilo que eles propõem, mas, durante todo o tempo que demorarem a dar o passo e aceitar a novidade, terão de suportar as queixas de fastio, aborrecimento e inutilidade da parte daqueles que já descobriram o amanhecer do futuro da Comunidade.

O Assessor deverá ser como um espelho para o grupo, de modo que todos se sintam compreendidos e estimulados por ele. Uns para proporcionar-lhes asas em suas aspirações, e paciência para com os que ainda não sentem as inquietudes deles. Em relação aos outros, terá de estimular o seu desenvolvimento, sem antecipar acontecimentos, para os quais ainda não têm sensibilidade alguma, porque os desconhecem. Em certas ocasiões, a estes e a outros que intuam esses acontecimentos, mas que não se atrevam a dar o passo, o Assessor terá de diminuir os medos e suspicácias, sem infundir falsas tranqüilidades, mas indicando, de modo objetivo, onde e por que colocam essas defesas e rejeições. No fundo, trata-se de ajudar a descobrir parcelas do mal que se formam em cada um dos membros do grupo.

4. A COMUNIDADE, SACRAMENTO DE SALVAÇÃO

A Comunidade deve chegar a ser consciente da sua situação; isto implica um duplo aspecto: a) *cada pessoa* deve ser consciente de suas próprias parcelas de mal (não tanto de seus pecados quanto daquilo que nos Exercícios [63] se chama "desordem das ações... o mundo..." que está dentro de cada um); e b) *todos juntos, como Comunidade,* devem ser conscientes das tensões que se criaram no inter-relacionamento pessoal. Não conhecê-lo e senti-lo, mas assumi-lo com todo o valor cristão que supõe, quer dizer, como dado da realidade da criatura limitada e pecadora, necessitada de salvação e reconciliação, receptora gratuita do amor do Pai, chamada a ser libertada e libertadora dos outros...

Este objetivo é o mais profundo de toda esta etapa, pois não só vai reforçar a comunidade na sua estrutura interna, dando-lhe coesão e identidade, mas vai ser o motor de sua ação para fora, a serviço dos que estão imersos numas conseqüências do mal estrutural ou social que afetam a sua condição de seres humanos.

Enquanto a Comunidade vai vivendo as suas tensões internas, é conveniente que saiba fazer a leitura e transposição de sua situação ao mundo circundante. A sua experiência não deve ser nunca intimista e reduzida aos estreitos limites daquilo que acontece dentro de suas paredes. A Comunidade é uma célula pequena, sim, mas reprodução em escala da sociedade civil e da sociedade eclesiástica. As falhas e limitações que acontecem na Comunidade aumentam em escala local, nacional ou internacional; ao contrário, o que vemos na TV e lemos na imprensa é reproduzido em escala microscópica e acontece na Comunidade. Os detonadores são os mesmos; diferenciam-se na quantidade. O egoísmo de um narcotraficante leva à morte dez, cinco ou mil pessoas; a falta de escrúpulos de umas declarações pode destruir a fama ou a imagem de uma pessoa ou coletividade. Numa Comunidade, o egoísmo, a superficialidade, a vaidade, o desejo de liderança (poder)... podem marginalizar uma pessoa, fazer sofrer, criar divisões ou enfrentamentos, originar suspicácias... A Comunidade se converte em sacramento, signo, sinal... do mal e, por isso, também em sacramento e sinal da salvação. Nela, é mais fácil descobrir o mal e reconhecê-lo à luz e ao calor da acolhida e do perdão sincero e cordial que a própria Comunidade oferece, enquanto Corpo de Cristo, em nome d'Ele; e, ao aceitar o compromisso de acompanhar os membros no processo de PENITÊNCIA (de mudança).

Desta forma, a Comunidade encarna em si própria o mal de todos os seus membros e de suas relações interpessoais e, simultaneamente, é salvação para cada um deles e para as suas relações comunitárias. Esta experiência é a chave de compreensão das realidades circundantes e deve constituir-se em sacramento de vida para os que chegam a entrar em contato com ela.

5. MAIOR SENSIBILIDADE E COMPROMISSO PARA AJUDAR NA MUDANÇA DAS ESTRUTURAS INJUSTAS

A leitura da realidade do ambiente próximo e distante, feita através da experiência própria, reforça a compreensão daquilo que acontece e, sobretudo, das causas que o motivam. Isto origina uma solidariedade com o mal estrutural, num duplo sentido. Cada pessoa se sente solidária com as outras, nas causas do mal. Todos levamos o mal dentro de nós mesmos e aumentamos o volume de mal existente no mundo. Somos uma só coisa: temos a mesma dinamite. A diferença reside na quantidade ou nas circunstâncias em que a vida nos situou a uns e aos outros: tão pouca coisa...! Solidariedade com a humanidade pecadora.

Simultaneamente, solidariedade — por isso mesmo — com a humanidade vítima do mal, do NOSSO mal. O serviço se torna urgente e constitui uma necessidade de justiça para com aqueles que encarnaram a figura do servo sofredor, carregando sobre suas costas o peso dos outros e as suas conseqüências. Por isso, o discernimento pode estar aqui orientado a conhecer a *verdade* do serviço: a quem sirvo? É possível que, já a partir de etapas anteriores, o serviço seja um elemento-chave na Comunidade. Agora deu-se um passo a mais: "A quem sirvo?"; o meu serviço está devidamente orientado? Em primeiro lugar, é necessário saber se a gente está a se "recriar" naquilo que faz, no sentido de uma vaidade a mais ou de um "abafador de consciências", sem ter assumido plenamente que o fato de servir está marcado por aquele a quem sirvo, o qual passa a ser a figura central. Estou, portanto, lá onde devo estar? Existem outras urgências?

6. AS ETAPAS NÃO SÃO LIQÜIDÁVEIS, MAS ESTÃO EM CONTÍNUO RETORNO

As etapas de uma Comunidade não são cursos que seja necessário aprovar e que, uma vez concluídos, já não há por que voltar a eles. Uma etapa no processo de uma Comunidade é um tempo dedicado, com maior intensidade, a uns objetivos que devem ser compreendidos, integrados e, na medida do possível, assumidos. Contudo, isto se pode realizar numa percentagem determinada, que dependerá, em primeiro lugar, da graça do Senhor e da correspondência e generosidade da Comunidade, mas também da história, do número de pessoas etc. Por isso, não deve desanimar nem tirar as esperanças o ver que a Comunidade caminha lentamente ou, ao menos, não no ritmo que desejamos. Qual é o ritmo ótimo? Existe a possibilidade de uma tal medida? Não dependem de "nossas" exigências ou de nossos pessimismos ou otimismos as avaliações que fazemos. É conveniente ter presente que a Comunidade não fecha nunca as etapas; que entrar numa nova significa ter de voltar, de vez em quando, a temas passados, de acordo com as necessidades que vão surgindo ou as urgências que se vão despertando entre as pessoas.

É muito importante reafirmar que o ritmo de uma Comunidade é marcado pelas pessoas e por suas necessidades na vida; que não existe uma programação rígida a cumprir, porque do que se trata é de uma *assimilação de atitudes evangélicas* que deve ser feita por pessoas e com aplicação às circunstâncias e situações que vão surgindo ao longo dos anos.

7. PROFUNDIZAR NA HISTÓRIA DO CRISTO, SALVADOR CRUCIFICADO

Até agora, tentamos descobrir os objetivos, na sua projeção dinâmica no interior da Comunidade; mas chegou o momento de enunciar, em termos teológicos, o verdadeiro sentido de tudo quanto foi dito.

O mal da Comunidade nos levará a conhecer e a solidarizar-nos com o mal estrutural, social e eclesial; o perdão e a aceitação intracomunitários nos farão compreender o perdão e a aceitação de Cristo e do Pai; ajudar-nos-ão a nos libertar desse mal e a libertar os outros, mas, no fundo, existe um mistério que é palpitante: o mistério de Jesus, que deu sua vida em resgate por muitos. Jesus é o centro desta etapa, já que sua morte é também produto do mal, pessoal e estrutural. Jesus é inocente e morre. Traz a mensagem do Amor aos homens: que o Pai é Amor para eles e quer que todos os seus filhos sejam Amor uns para com os outros. Por esta doutrina, Ele é rejeitado e marginalizado por aqueles que não querem ser Amor para os outros e que preferem ter as coisas para si mesmos, para o seu gozo e conforto, sem ter de partilhar com quem, *sendo donos* (filhos do dono), se vêem privados de se assentar à mesa do Pai. Jesus morre aceitando ser Amor para todos, inclusive para aqueles que o matam. Assim Jesus se converte no PRIMEIRO INOCENTE da História; não cronologicamente, mas na ordem do Sacramento, do sinal; como Jesus, existem hoje muitos inocentes que morrem porque outros se negam a ser Amor para eles. Deste modo, Jesus é vítima e perdão, para que todos os que recebemos "seu" perdão nos tornemos "suas" vítimas. O pecado e a libertação somente se compreendem a partir da contemplação do Crucificado como mistério do Amor escarnecido, morto... e ressuscitado pelo Pai, que lhe dá a razão diante de seus carrascos.

15

REGRAS DE DISCRIÇÃO (DISCERNIMENTO) DE ESPÍRITOS

Os Exercícios de Santo Inácio são uma pedagogia do crescimento e desenvolvimento de uma maneira muito concreta de ser pessoa humana: o ser cristão. Isto quer dizer que, para as pessoas que iniciam os Exercícios, existe uma *meta clara e definida*: poder orientar todas as decisões da vida de acordo com o plano que Deus lhes indica a cada momento: o serviço de Deus. E existe *um pedagogo que dirige* para esta meta: o Espírito de Jesus.

Para que o caminho seja fácil, é preciso *conhecer*, em cada momento, aquilo que mais conduz para essa meta e *colocá-lo em prática*. É isto o que constitui, para o cristão, o verdadeiro SENTIDO da VIDA. De igual modo como o conhecer a meta para a qual alguém se dirige e colocar com empenho todo o esforço é o que constitui a reta orientação de todo trabalho da pessoa humana.

Se este sentido ou orientação da vida *está claro e é querido,* todos os atos (pensamentos, desejos, ilusões, sentimentos etc.), receberão o seu valor de acordo com que estejam dirigidos a favor ou contra aquilo que é o objetivo final e mais precioso da pessoa. Por ele, serão sacrificadas todas as coisas, pois elas aparecerão como de segunda categoria, com menor valor e interesse.

Como dissemos, isto exige clareza e decisão, que nem sempre são tão simples de se adquirir. Acontece que a mente vê, muitas vezes, aquilo que o coração mostra, mais do que a fria dedução lógica. O coração não está isento do influxo dos outros componentes mais difíceis de precisar, por causa de sua obscuridade e falta de concretização. São todos os que se referem ao mundo dos desejos: as apetências, fobias, repugnâncias, inclinações... Tudo isso se nos apresenta como um "estado difuso", que não sabemos exprimir a não ser com um "eu me sinto bem..." ou um "não me encontro tão mal..." Mas, na hora do *ver* e do *propor*, estas são as coisas que *contaminam* a luminosidade do nosso entendimento e a força da nossa vontade.

1. A ORIENTAÇÃO DA VIDA

1.1. *A imagem própria*

Quando uma pessoa se decide a colocar em ordem a seqüência de acontecimentos de sua vida, no fundo, está pretendendo melhorar a sua PRÓPRIA IMAGEM. Ninguém pode viver a contento com uma imagem negativa. Nestes casos, procuram-se soluções, que entram no campo do patológico: evasões, projeções, jogos psicológicos que determinam uma ausência da proximidade da pessoa a si mesma. Toda pessoa, para poder viver em paz consigo mesma, deve poder chegar a pensar "bem" de si; a valorizar-se e a estimar-se, no seu todo.

1.2. *O exterior*

Esta imagem da pessoa se constrói e se avalia com dados que procedem do exterior: da relação interpessoal. Somente através dela é que o homem consegue ser um ser completo (educação, sociabilidade...) e, simultaneamente, conhece o valor que a pessoa adquire em cada momento (importo a alguém, valho para algo, a minha pessoa é apreciada...).

Para o cristão, dentro do relacionamento interpessoal, inclui-se o relacionamento que a FÉ lhe permite: um relacionamento com Jesus e com o Pai através do seu Espírito que vive e atua neles. Mas este relacionamento se faz por meio de uma Palavra, já pronunciada (a Escritura) e de uma Palavra vitalizada, encarnada (a comunidade de seu Filho). Daí a necessidade da oração e da participação comunitária. Neste ambiente, o cristão cresce, incorporando os traços de Jesus — o seu estilo de vida, o seu afazer cotidiano — e se compara com eles para se parecer, cada vez mais, com Ele. Neste processo, ele tem a ajuda da comunidade de Jesus, que deve ser a encarnação atual da memória de Jesus. Nela, a comunidade sente a sua identidade, o seu desenvolvimento e o valor que os outros lhe dão: é imprescindível.

1.3. *A revelação pessoal*

O interior da pessoa se revela através de suas palavras e de seus fatos. Somos aquilo que projetamos para fora, aquilo que os outros percebem de nós. O que escondemos (se pudéssemos fazê-lo) não conta, não tem destaque; "o homem é um ser em relação...", "somos sociáveis por natureza..."

É que os nossos atos colocam a descoberto as ATITUDES, as tomadas de posição, os valores que privilegiamos e aos quais nos submetemos antes de podermos tomar as rédeas das nossas decisões. São como impulsos vitais que empurram todo o nosso ser e estão a nos dizer o que é que procuramos na vida:

— Viver comodamente, tranqüilamente, sem alterações desagradáveis;
— passar bem, desfrutar da vida;
— fazer-me notar (existo... preciso de que se preocupem comigo...);
— dominar os que estão perto (faça-se o que eu digo...).

São como a música de fundo que se escuta em todas as decisões importantes que marcam a vida. Às vezes, também as que parecem menos importantes.

2. AS DECISÕES

Os fatos definem as pessoas: "Obras são amores e não boas razões...", diz o ditado castelhano; e isso é confirmado constantemente pela nossa experiência. O evangelho também afirma: Não basta dizer "Senhor, Senhor..." É necessário "fazer a vontade do Pai..." (Mt 7,21).

Estes fatos nem sempre são produtos de uma *decisão humanamente tomada*. A precipitação invalida muitos atos pessoais, pois o automatismo não é precisamente um seguro de confiabilidade na hora de atribuir o fato ao melhor que existe no interior do homem.

Decidir é o resultado de um processo de reflexão e de avaliação, a fim de chegar a: 1) saber o que quero; e 2) determinar-me a realizá-lo. Supõe levar a sério a si próprio e confirmar a possibilidade de *ser livre para* não se deixar arrastar pelos apelos que se aproximam, vindos do exterior, quer a publicidade, o "barulho" social (a moda, o que os outros qualificaram de antemão como aquilo que está bem ou mal, o que se deve fazer), quer as obscuridades e tendências que vêm do interior e pugnam para determinar o sentido da decisão. São fantasmas irracionais, difíceis de concretizar. Em segundo lugar, a decisão é *capacidade de risco*, para encontrar uma solução que será examinada e julgada por mim mesmo e pelos outros. Finalmente, a *aceitação das conseqüências* que se sigam daquilo pelo que se optou e foi preferido.

3. AS MUDANÇAS DO "HUMOR"

São experiências cotidianas: uma manhã, saímos de casa com um "humor" excelente, otimistas, seguros, confiantes... mas, num momento determinado, encontramo-nos agressivos, retraídos, intratáveis... mudamos de humor!; o que aconteceu? quando se produziu essa mudança?

Todos vivemos isso uma e mil vezes; contudo, muitas destas situações não foram analisadas nem conhecidas a fundo: simplesmente, a vida passou sobre elas e ficaram sepultadas no esquecimento. Fomos espectadores superficiais e... pronto!

Nunca conheceremos as causas, se não pararmos o ritmo dos acontecimentos. É preciso chegar a *nos conhecermos*; só um olhar atento sobre o nosso interior pode lançar luz sobre estas camadas mais profundas.

O primeiro que percebemos é o estado geral, eufórico ou apagado, e as mudanças que se vão produzindo. Em segundo lugar, é preciso achar a associação existente entre o primeiro estado e os acontecimentos reais ou esperados. A euforia ou a atonia se devem a uma série de fatos reais da vida, que tiveram lugar (umas vezes, sem que nós o pretendêssemos; outras, procurando-o) ou que esperamos que aconteçam; p. ex., todos nos sentimos contentes porque as coisas *"foram bem"* nos negócios, estudos, trabalho, família... ou esperamos acontecimentos que sejam do nosso agrado ou de suma importância para a nossa vida. Estes fatos que produzem a nossa euforia, essa sensação agradável de "estar bem, contente, otimista", são os que reforçam a nossa orientação de vida ou se relacionam com os primeiros valores da nossa escala. O sentimento contrário está marcado pela frustração de nossas expectativas ou por acontecimentos que contradizem as nossas últimas avaliações.

Isto acontece a todo o mundo, e uma análise desta categoria colocaria a descoberto aquilo que constitui o objetivo último de nossa luta vital.

4. AS REGRAS PARA O DISCERNIMENTO DOS ESPÍRITOS

Nos Exercícios Espirituais (313), Santo Inácio nos deixou um documento que ele intitula: *"Regras para de algum modo sentir e conhecer as várias moções que se produzem na alma"*. Certamente, é para ensinar a detectar e compreender aquilo que nos acontece sempre que se produzem esses MOVIMENTOS OU MOÇÕES dentro da pessoa.

4.1. *Tipos de movimentos interiores*

4.1.1. A consolação (316)

São moções interiores com as quais a alma se inflama em amor de seu Criador e Senhor. Todo aumento de fé, esperança e caridade e toda alegria que eleva e atrai a alma para as coisas celestiais e para sua salvação, tranqüilizando-a e pacificando-a...

São sentimentos, portanto, de gozo, alegria, paz, sossego, produzidos por um estado vivencial em que coincidem a intensidade do momento e a orientação da vida. Aquilo que se considera valor último, supremo, torna-se mais claro, aprofunda-se, compreende-se melhor, deixando ver toda a força atrativa que possui para o sujeito: "Não pode amar coisa alguma sobre a face da terra por si mesma...": é a ordenação proposta no Princípio e Fundamento (23). Quem aceitou essa ordenação suprema da vida, não pode menos de experimentar um gozo profundo, ao sentir toda a sua vida dirigida e harmonizada com ele.

Do mesmo modo, o motivo é a coincidência desta orientação do Princípio e Fundamento: "...louvar, reverenciar e servir..." (23) "ou de outras coisas diretamente ordenadas ao serviço e louvor d'Ele...", conforme se especifica neste número.

4.1.2. A desolação (317)

É exatamente o contrário do anterior. Os sentimentos são de obscuridade, perturbação, agitação, desassossego etc., produzidos por um estado em que a pessoa não tem clarividência na linha de sua orientação de vida. Esta se encontra como que *quebrada*, e permanece apenas na mente; mas o que se sente é todo o contrário: "Incitação a coisas baixas e terrenas. . .", "separada do seu Criador e Senhor. . ." É a experiência da desintegração pessoal, expressa por Paulo: "Ao querer fazer o bem, é o mal que se apresenta em mim" (Rm 7,21).

4.2. *Sentido dos movimentos interiores*

4.2.1. Os que vão de mal a pior (314)

A orientação de vida destas pessoas é indicada por Santo Inácio: "De pecado mortal em pecado mortal". Diríamos que não fazem absolutamente nada para conhecer aquilo que o Princípio e Fundamento indica. São pessoas despreocupadas de qualquer tipo de valor transcendental, e cujo fim é única e simplesmente o seu eu, excluído qualquer tipo de relacionamento interpessoal que suponha esforço.

A estas pessoas, tudo o que reforce a sua convicção lhes produzirá segurança e confiança de que estão certas. Pelo contrário, tudo o que ponha de manifesto a falta de dignidade do seu tipo de vida e o egoísta e absurdo de tal orientação lhes provocará inquietude e falta de tranqüilidade. O objetivo é questionar a sua conduta, para produzir desconfiança nela e provocar a mudança.

Os primeiros pensamentos, que reforçam este estado de coisas, procedem do egoísmo, do mal que habita no interior do homem, do "inimigo". Tudo o que desestabiliza esta situação procede do "bom espírito", pois tende à reordenação da vida da pessoa em outra direção, contrária à atual.

4.2.2. Nos que estão melhorando de vida (315)

A orientação da vida não se faz de uma vez por todas. Não é possível que um homem, contingente e limitado, possa fazer, num momento, algo definitivo e para sempre. Aceita-se uma linha de conduta, mas dentro dela é preciso ir respondendo às circunstâncias e tempos. Cada dia se descobrem novos horizontes e desafios aos que se tem de fazer frente. O cristão tem diante de si um caminho que não é nem longo nem curto: "Cada dia tem a sua malícia". Cada dia pede um sim para aquilo que acontece.

Para os que sustentam esta tensão dia a dia, "de bem em melhor. . .", a forma de atuar do "bom espírito" e a do inimigo são contrárias. Tudo o que reafirma e fortalece na tentativa de viver de acordo com a opção realizada produz gozo e a alegria de estar certo; o que cria tristeza e inquietude, suspeita e tentação, vai contra o que constitui o ponto mais alto da hierarquia de valores. O objetivo é fazer com que a coisa não vá para a frente: a paralisia e o abandono.

4.3. *Como comportar-se nestas situações*

4.3.1. Na desolação

Santo Inácio trata de prevenir a conduta perante a desolação, da pessoa que vai "de bem em melhor", como é próprio de quem está fazendo os Exercícios Espirituais na Primeira Semana. A esses, ele dirige quatro regras ou formas de proceder.

Quando as pessoas tomam decisões ("propósitos"), fazem-no com toda a retidão, tal como acima foi indicado, quer dizer, com clareza e convencimento de que é o melhor para a pessoa, em ordem ao fim proposto. Ainda mais, ao tomar essa decisão, fizeram-no com satisfação, convencidas de que escolheram o melhor. Quer dizer, isso acontece quando imperam a objetividade e a sensatez, e quando se possui uma visão serena do problema e de todas as circunstâncias.

O que faremos, quando as coisas se anuviam, tudo se confunde e não fica em pé nenhum tipo de objetividade? Será o momento ótimo para encontrar um outro caminho? Será talvez possível chegar a ver, com alguma clareza, de onde procede a mudança?

Inácio indica quatro atitudes para este momento:

1.ª *Não fazer mudança alguma, mas permanecer firme e constante*... (318)

Aquilo que ontem era verdade e se apresentava claramente como o melhor não pode ter se convertido, da noite para o dia, em duvidoso ou ruim.

O clima do momento presente não é o mais favorável para pensar, deliberar e chegar a uma nova decisão. O sentir-se mal não ajuda em nada a isso.

O processo de deliberação supõe um considerável gasto de energias e exige uma têmpera diferente para poder atender e avaliar todos os aspectos do problema: justamente é isso que não é favorecido por um estado de falta de ânimo e desinteresse, onde já é bastante o sobreviver.

É preciso, portanto, se manter firme na situação atual.

2.ª *Reagir intensamente contra a mesma desolação* (319)

Se a norma anterior era "resistir", agora se trata de "atacar": não existe melhor defesa do que um bom ataque, precisamente lá onde se encontra a dificuldade:

— se sinto preguiça de fazer o tempo de oração ou o trabalho indicado, de mostrar a solidariedade com o marginalizado, de me aproximar daquele a quem desejaria ajudar, de romper a tensão com o outro etc.;
— se tenho vontade de deixar isso para amanhã;
— se tenho medo de começar;
— se me inibe aquilo que os outros poderiam comentar acerca da minha atitude;
— se me assusta o errar, deteriorar a minha própria imagem, ser objeto de críticas e más interpretações...

...e tudo isso por causa de realizar aquilo que considero de acordo com a minha orientação de vida, e por coerência com as minhas decisões.

DUAS RECEITAS

a) *"Aplicar-se nalgum modo conveniente de fazer penitência..."*

Acrescentar algo mais àquilo que já tínhamos determinado e sermos mais exigentes em relação à pontualidade e diligência para pô-lo em prática.

A razão disso é clara: a inércia nas mudanças é inevitável; unicamente uma atitude decidida e sem rodeios pode animar e estimular; aliás, o nosso egoísmo "aprende" e, logo que percebe que há concessões, se torna cada vez mais exigente; se, porém, a resposta é um bom contra-ataque, para além do limite do que estava previsto, também aprende a ser mais dócil e a não criar dificuldades.

b) *"Insistindo mais na oração, na meditação, em examinar-se muito..."*

Trata-se de aprender e conhecer quais são os mecanismos de nossas resistências. Se descobrirmos a causa das dificuldades que colocamos as nossas decisões, teremos dado um passo importante, a ter presente em novos momentos de escolha.

Mas também é importante porque pode acontecer que a decisão tenha sido mal calculada ou que tenham entrado no conjunto *novos fatores* que não foram levados em conta durante o processo da decisão. Por isso, é preciso insistir na oração, a fim de ter mais clara a finalidade de nossos atos e de ficarmos mais livres e disponíveis para conseguir o objetivo de nossa vida, de forma que o exame da situação seja o mais "limpo" possível, sem concessões às "contaminações" que possam provir de nossos egoísmos, ou seja, da pior parte do nosso eu.

3.ª *Considere como o Senhor, para o provar, o deixou*... (320)

As coisas são fáceis quando nos encontramos "inspirados" e com uma tonalidade vital positiva. Não o são tanto, porém, quando a luz do sol e o "cinza" do nosso céu psicológico se apoderam do nosso "moral". Então constatamos a dificuldade das coisas, apreciamos a outra face da moeda.

É necessário aprender que o sentimento positivo, a "consolação", é uma "graça" e que, por isso mesmo, é "grátis", um *extra* que *nos é dado* em certos momentos e em outros não. A gratuidade é uma experiência necessária para a vida do cristão; não é um *mérito* com o qual nos tornemos credores a um tipo de consolo. A "consolação" não é a *mesada* ou o salário "por sermos bons rapazes"; é uma coisa que nos é dada para a nossa ajuda, mas que não podemos reclamar como algo devido.

Isso nos mostra duas coisas:

— como somos quando devemos atuar sem "ajudas" sensíveis;
— qual é a força da graça, que está sempre presente e atuante, mesmo quando não se deixa perceber.

4.ª *Esforce-se para se manter na paciência*... (321)

Um estado de ânimo revoltado e intranqüilo, carente de paz etc., não vai desaparecer nem por fugirmos dele com evasões mais ou menos irresponsáveis, nem por pretendermos reprimi-lo, como se nada acontecesse.

Inácio já indicou antes que era muito conveniente examiná-lo, analisá-lo, sem se deixar obsessionar! O ponto de partida é a objetividade daquilo que acontece, a situação real, a fim de, em perder os nervos, a gente se serenar e aceitar essa situação.

Um clima relaxado, mesmo que estejamos sofrendo e aconteçam momentos de maior ou menor tensão, é algo que sempre podemos conseguir. Existem técnicas para isso; devemos servir-nos de tudo quanto possa ajudar-nos a sair desta situação.

Finalmente, é preciso insistir na esperança, uma virtude de que não se fala suficientemente, mas que, não por isso, é menos necessária. Não se trata de fazer um cálculo de probabilidades ("se levo assim vários dias, isto tem de mudar... — o Senhor vai me conceder — mesmo que eu não seja capaz de enxergar nem sequer um indício de mudança..."). Supõe uma confiança absoluta em Deus como Pai.

4.3.2. Na consolação

As coisas resultam mais fáceis quando a gente está "em alto-astral", com ânimos e contentamentos por aquilo que se faz. Então nada resulta custoso, tudo sai bem e as motivações se vêem com clareza meridiana, e se sentem com força. É preciso ter alguma precaução em tais momentos? Não basta convivê-los?

Santo Inácio nos adverte duas coisas:

1.ª *Preveja como se há de portar no tempo da desolação, que depois virá*... (323)

Gravar na memória aquilo que se está vivendo, para que, ao chegarem as nuvens escuras da desolação, não ocultem a lembrança do passado. Há situações em que apenas a memória ou a lembrança do vivido (do gozo e a felicidade experimentados, da segurança e certeza possuídas...) constitui o único ponto de apoio. Por isso, toda previsão de futuras mudanças exige intensidade na vivência.

2.ª *Procure humilhar-se e abater-se tanto quanto possível*... (324)

A humildade é a verdade; e as experiências em outros assuntos não deixariam lugar a nenhum tipo de dúvida de que toda a facilidade encontrada quando se vive na consolação se torna dificuldade e aspereza quando essa consolação brilha pela sua ausência. Isso deveria levar-nos ao convencimento pessoal de nossa própria indigência. Realizamos o fácil e falhamos no difícil. Convencer-se disto é uma forma de se manter *na realidade*, de não conceber esperanças vãs ("as coisas vão ser sempre assim de fáceis...!"), e de não se meter na seara alheia. Quem assegura que você vai poder levar para a frente, no tempo da desolação, aquilo que agora, no fervor da consolação, lhe resulta tão simples?

Se a verdade pessoal, aquilo que a gente é, pudesse ser medida em função dos momentos de euforia, tudo seria maravilhoso; o ruim é que as forças nos falham quando mais precisamos delas, nos momentos de "baixo-astral".

Considerar-se mais do que a gente é constitui uma demonstração de vaidade e, freqüentemente, leva consigo um certo desprezo pelos outros, o qual se traduz em intolerâncias e incompreensões. Tudo isso constitui uma fonte de desgostos, que farão com que se perca a consolação, quebrando a integração do fim último (a orientação de vida) com o momento presente. Este desajuste interno provocará ansiedades e todos os sentimentos próprios da desolação.

4.4. *As causas das situações de desolação* (322)

A desolação é o estado mais difícil e perigoso para a pessoa e para os grupos ou Comunidades, pois é nesse momento em que as coisas custam mais, nada se vê claro, tudo se torna desagradável e a tentação de fugir e lançar a toalha é contínua. A ninguém agrada estar lá onde se sofre, onde se passa mal, onde se considera que tudo é um fracasso e, o que é ainda pior, sem horizonte. Por isso, Santo Inácio dedica uma de suas Regras à análise das causas. Descobrir a razão das coisas é um modo de dar o primeiro passo em direção à sua superação.

"*Primeiramente*, a nossa tibieza, preguiça e negligência... por culpa própria..." Simplesmente, a culpa é de um comportamento que em nada ajuda a manter a vivacidade e esperança pelas coisas. Se tomamos as nossas decisões ou nos comprometemos com algo, é para o levar para a frente; se existem omissões, frouxidão, descuido..., as coisas não irão bem, e o principal motivo da nossa atuação esvair-se-á. As coisas bem feitas, concluídas, são um aliciente que produz esperança e compensa os esforços e dedicação colocados nelas. Se, pelo contrário, se fracassa ou se tem a impressão de que o objetivo final não corresponde ao esperado, produz-se a decepção e a falta de entusiasmo. Ninguém está contente consigo mesmo, quando tem a segurança de não ser cumpridor da palavra dada perante os outros ou perante si próprio.

"*Em segundo lugar*, para mostrar-nos quanto valemos..." Já dizíamos anteriormente que, durante a consolação, devem ficar bem claros os termos de nossas decisões e que é preciso medir as forças reais, aquelas com que contamos quando não sentimos a consolação em nosso interior. É uma experiência para adquirir o sadio realismo necessário para caminhar pela vida. Uma cura de humildade e de verdade, tão necessária para a vida de relacionamento com os outros. Isto nos situa no nosso lugar, sem adornos alheios.

"*Em terceiro lugar*... que não depende de nós conseguir ou conservar uma grande devoção...." De novo, a experiência da gratuidade: tudo é dom e graça de Deus.

Num mundo tão tecnificado, podemos sentir a tentação de acreditar que, na vida cristã, as coisas acontecem também de modo mecânico. Uma moeda introduzida numa máquina provoca um determinado efeito; a pulsação de uma tecla ativa um programa e reproduz a informação necessária quantas vezes for exigido por um código concreto, ao qual corresponda uma informação ou resposta concreta. Na vida humana e na vida do espírito, as coisas não funcionam assim. Hoje, a leitura de um texto, a visita de uma pessoa, o serviço realizado a um necessitado... me produzem uma sensação concreta; essas mesmas coisas, dias ou meses mais tarde, me produzirão outras diferentes. A pessoa vive, quer dizer, integra novas realidades, escuta as exigências do Senhor através das realidades cotidianas, de sua oração: lê novos sinais em sua vida: é um ser vivo!, é um ser em crescimento! O Senhor vai guiando essa vida no contraste dos sentimentos que experimenta, "para que não façamos ninho em casa alheia..."; desse modo, "desinstala" os nossos egoísmos e passividades, estimulando a ação de procurar somente o Senhor.

4.5. *As estratégias do inimigo nesta etapa*

As experiências juvenis de Inácio, tanto em Valladolid e Arévalo, quanto em Navarrete e Pamplona, serviram-lhe para ilustrar as ações do "inimigo da natureza humana": tudo aquilo ao qual o homem deve resistir para ficar firme nas suas decisões, tomadas sem ceder às sugestões que o mal vai lhe apresentar de uma forma ou de outra.

4.5.1. *12.ª Regra* (325):
"O inimigo procede como uma mulher..."

Nesta regra, faz-se referência à atitude do n.º 319, onde se propunha lutar diretamente contra a desolação e as tentações, passando adiante no que foi proposto, indo além, e explicando por que acontece assim.

Porque quando estamos decididos, na verdade, a levar adiante uma decisão, aconteça o que acontecer, e essa decisão é tão forte que, caso se apresente uma dúvida ou vacilação, a resposta é fazê-lo quanto antes, ou com maior dedicação e cuidado ou empregando mais tempo, então a tentação desaparece.

Num comentário sobre as "eleições", o Pe. González Vallés* ilustra esta regra de Santo Inácio com a atitude do demônio que tentava um "sufi" santo para que não fizesse oração, mas a resposta deste era fazer mais. De modo que o demônio determinou acordar o "sufi" à hora exata, a fim de que fizesse oração todos os dias. Ao perguntar-lhe o "sufi" por que fazia uma tal coisa, a resposta foi: "Porque, se não, eu saio perdendo!"

Santo Inácio compara o modo de agir do demônio com a atitude, diz ele, da mulher que discute com um homem. O seu comportamento dependerá da resistência que encontrar. Se for muito forte e decidida, a mulher cederá; mas se for débil ou vacilante, a mulher cobrará ânimo e aumentará o seu ataque. Estas pequenas vitórias do inimigo, ou pequenas derrotas nossas, às quais apenas damos importância, acabam por se tornar um hábito, uma forma de ser, até constituir uma corrente insuportável que exige um gigantesco trabalho para a quebrar... O que não era nada mais do que "uma pequenez" (isso, eu o largo quando quiser...!) vai se transformando numa servidão que nos sufoca. Quando a depressão ou o sentimento de impotência se apoderam da pessoa, já não há nenhuma possibilidade de salvação e se produz o abandono definitivo. Apenas fica pedir que essa servidão não tenha muita ressonância na nossa vida.

4.5.2. *13.ª Regra* (326): *"Também age como um sedutor"*

Manter segredo acerca do que acontece no nosso interior é o melhor modo de nos ofuscar, nos confundir e perder a cabeça.

O contraste com outros permite escutar pareceres e objetivar aquilo que está acontecendo. As pessoas não somos bons juízes em nossas próprias causas. Apreciamos coisas pequenas como se fossem importantes e vice-versa; e, o que é mais grave, tentamos "enganar

---

* *Saber escojer. El arte del discernimiento*, Sal Terrae, Santander, 1988 2, p. 109. "Quando a Iblis (o demônio) as coisas lhe saem do avesso, muda de tática. É bom sabê-lo. Fazendo o contrário daquilo que ele nos sugere, indo ao extremo pelo diâmetro, poderemos anular seus ataques" (p. 110).

a nós mesmos", disfarçando de razões válidas e sensatas aquilo que, muitas vezes, não é mais do que capricho ou preguiça. Tudo isso fica desmascarado quando é manifestado a uma pessoa que nos conhece ou a uma comunidade que pretende nos ajudar no caminho da integração e realização de nossa vida cristã.

Às vezes, é suficiente a manifestação em voz alta: o fato de ter de formulá-lo na frente de um outro basta para descobrir o engano em que nos encontrávamos.

4.5.3. *14.ª Regra* (327):

"Procede também como um caudilho, para vencer..."

O ditado castelhano diz "do inimigo, o conselho". Inácio observara, nos seus anos de capitão, que qualquer um que deseja assaltar uma fortaleza estuda minuciosamente a situação e a localização das defesas e baterias, e procura o modo de chegar ao lugar mais débil ou onde o inimigo apresenta menos dificuldade. Isso é igual ao que acontece em nossa vida cristã. O ponto débil é o mais combatido, porque aí é mais fácil induzir ao pessimismo e à sensação de impotência para alcançar a vitória. A confiança excessiva origina, às vezes, um abandono da guarda num ponto; em outras ocasiões, trata-se de erros de percepção, enganos, devido à falta de luta nesses aspectos. O que não aconteceu nunca, não quer dizer que não vá acontecer em algum momento!

Em ocasiões, as derrotas, as falhas, negligências..., tudo o que é negativo se transforma numa lápide que esmaga as nossas ilusões e esperanças. Tudo vai bem, até que nos pomos a caminho. Ao chegarmos à realidade da vida, tropeçamos com as resistências pessoais, com o influxo externo etc., e ruem todos os nossos pensamentos e propósitos. É verdade que essa sensação de derrota contínua e de impotência nos vão marcando e chegamos a fazer um pacto de não-beligerância: "Não vou tentar mais, não inquiete a minha consciência!" Desta forma, *enganamo-nos* às vezes e até conseguimos insensibilizar-nos, embora no fundo palpite a tristeza e a persuasão de não ter podido realizar aquilo que traçamos como plano de ação.

É muito importante ter presente que tipo de plano era: Aquele que eu idealizei? Com quantas pessoas o contrastei? Estava bem-pensado? Continua atualmente válido? Que ajudas tive na tentativa de realizá-lo? Quais foram as principais linhas de fracasso?

É preciso ter presente, em todo momento, o espírito desta primeira semana, que nos descortina o valor do negativo, como pano de fundo do amor de Deus.

Quarta Parte

REUNIÕES PARA A CONSOLIDAÇÃO DA COMUNIDADE

16

Nona reunião:

"O MAL ESTRUTURAL, SACRAMENTO DO PECADO"

Meditação sobre o primeiro, o segundo e o terceiro pecado (EE. 45 — 54):

"APLICAR A MEMÓRIA AO
PRIMEIRO PECADO, QUE FOI O DOS ANJOS..."
"SEGUIR O MESMO PROCESSO... AO
PECADO DE ADÃO E EVA"
"PROCEDER DO MESMO MODO SOBRE O TERCEIRO...
PECADO PARTICULAR DE QUALQUER PESSOA..."

**"...A GRAVIDADE E MALÍCIA DO PECADO
CONTRA O SEU CRIADOR E SENHOR..."
"...RECUSARAM AJUDAR-SE DO
LIVRE-ARBÍTRIO PARA RENDER A SEU CRIADOR E
SENHOR A HOMENAGEM E OBEDIÊNCIA..."
"PEDIREI VERGONHA E CONFUSÃO
DE MIM MESMO..."**

"Assim fala o Senhor Javé: [Jerusalém!],
Segundo tua origem, procedes de Canaã,
segundo teu pai amorrita e tua mãe hitita.
No dia em que nasceste, não te foi cortado o cordão umbilical;
não foste lavada com água, nem esfregada com sal,
nem envolvida em faixas.

Sobre ti não pousou nenhum olhar compassivo...
foste jogada em campo aberto, já que tua vida era objeto de desprezo...

Foi então que passei junto de ti e te vi...
debatendo-te em teu sangue. *Falei-te...*:

'QUERO QUE VIVAS. CRESCE COMO A ERVA DO CAMPO!'

E cresceste, desenvolveste-te e chegaste à puberdade.
Firmaram-se teus seios, cresceram teus cabelos,
mas estavas em completa nudez.

Tornei a passar e olhei para ti... no tempo dos amores.
Estendi sobre ti a orla do meu manto.
Fiz-te um juramento
e concluí contigo uma aliança
E ASSIM TE TORNASTE MINHA.

Banhei-te com água, lavei o sangue que te cobria e te ungi com óleo.
Revesti-te com trajes de belas cores, dei-te calçado... Ornei-te...
CRESCESTE MAIS EM FORMOSURA E TE TORNASTE APTA PARA A REALEZA.

Mas tu te fiaste em tua beleza
e te prostituíste por conta de tua fama.
Despejaste tuas prostituições sobre qualquer um que passasse...

Como era miserável teu coração,
ao fazeres tudo aquilo,
como uma consumada meretriz!...

Desafogarei meu furor contra ti e deixarei de sentir ciúmes.
Estarei sossegado e não precisarei mais zangar-Me...

Procedi contigo exatamente como procedeste
ao violar o juramento e a Aliança.

Eu, porém, Me recordarei da aliança
que concluí contigo no tempo de tua mocidade
e firmarei em teu favor uma aliança eterna...

Eu mesmo firmarei a minha aliança contigo.
Então reconhecerás que sou Javé,
para que te recordes e te envergonhes
e nunca mais, de vergonha, abras a boca,
QUANDO EU TE PERDOAR PELO QUE FIZESTE."

(*Ez* 16,3-11.15.30.42.59-62)

REFLEXÃO DE GRUPO

VIVEMOS IMERSOS EM ESTRUTURAS PORTADORAS DE MAL

João Paulo II, na Encíclica "Sollicitudo rei socialis", no n.º 36, faz uma descrição perfeita da situação em que atualmente se encontra a humanidade:

> "É preciso acentuar que um mundo dividido em blocos, mantidos por ideologias rígidas, onde, em lugar da interdependência e da solidariedade, dominam diferentes formas de imperialismo, *não pode deixar de ser um mundo submetido a 'estruturas de pecado'*... Se a situação atual se deve atribuir a dificuldades de índole diversa, não será fora de propósito falar de 'estruturas de pecado', as quais... se radicam no pecado pessoal e, por conseqüência, estão sempre ligadas a atos concretos das pessoas, que as fazem aparecer, as consolidam e tornam difícil removê-las".

E acrescenta uma nota em que se refere a estes *pecados sociais*:

> "Tais casos de pecado social são o fruto, a acumulação e a concentração de muitos pecados pessoais. Trata-se dos pecados pessoalíssimos de quem suscita ou favorece a iniqüidade ou a desfruta; de quem, podendo fazer alguma coisa para evitar, eliminar ou, pelo menos, limitar certos males sociais, deixa de o fazer por preguiça, por medo e temerosa conivência, por cumplicidade disfarçada ou por indiferença; de quem procura escusas na pretensa impossibilidade de mudar o mundo; e, ainda, de quem pretende esquivar-se ao cansaço, ao sacrifício, aduzindo razões especiosas de ordem superior. As verdadeiras responsabilidades, portanto, são das pessoas".

Contudo, o texto continua a análise sobre a realidade dessas estruturas de pecado e nos diz:

> "E, assim, elas reforçam-se, expandem-se e tornam-se fontes de outros pecados, condicionando o comportamento dos homens. 'Pecado' e 'estruturas de pecado' são categorias que não se vê com freqüência aplicar à situação do mundo contemporâneo. E, no entanto, não se chegará facilmente à compreensão profunda da realidade, conforme ela se apresenta aos nossos olhos, sem dar um nome à raiz dos males que nos afligem".

Mais adiante, o Papa se refere a duas estruturas características e concretas:

"Por um lado, há *a avidez exclusiva do lucro*; e, por outro lado, *a sede do poder,* com o objetivo de impor aos outros a própria vontade. A cada um destes comportamentos pode juntar-se, para os caracterizar melhor, a expressão: 'a qualquer preço'. Em outras palavras, estamos diante da absolutização dos comportamentos humanos, com todas as conseqüências possíveis".

1. Para concretizar esta análise, basta escutar as notícias de cada dia. Por isso, podemos agrupar em capítulos os modos como se concretizam as conseqüências destas estruturas ou destas atitudes de pecado:

a) *Situação das nações*: a divisão em blocos de influência, tanto econômica como ideológica. A exploração das mais débeis, as quais são despojadas de sua riqueza natural, tornando-se meros satélites consumidores da produção da nação dominante: nações de Centro da América do Sul; países africanos ao Sul do Saara; Oriente Médio e nações do Sul asiático.

b) *Situação da vida urbana*: a cidade, com seus aglomerados de população, é, em certo sentido, uma outra estrutura que origina muitos males: população flutuante, emigração acumulada, falta de moradia e trabalho para os que chegam sem preparo, vida cara e, simultaneamente, sofisticada, fomento do consumismo que incita ao luxo e ao esbanjamento. Isto evidencia os contrastes entre o Primeiro e o Quarto Mundo, dos quais nascem a insegurança urbana e as marginalizações: droga, álcool, subcultura ou contracultura de quem não se sente integrado na corrente dominante.

c) *O mundo rural*: entretanto, o mundo dos lugarejos, no campo, vai ficando cada vez mais despovoado, e isso supõe uma menor atenção das administrações. O qual, por sua vez, origina uma corrente de fuga: não se encontram facilmente serviços *estáveis* para eles: médicos, professores, até os padres ficam pensando na próxima transferência, para mais perto da cidade. Isto leva ao abandono e destruição das culturas autóctones, à aparição de uma massa anônima, cinzenta, moldada através dos meios de comunicação social, que ditam gostos, opiniões...

d) *Situação da família*: o homem leva uma força genética que amadurece ao amparo de um ambiente. Tão importante é a herança quanto o ambiente. A família é o ambiente que permite a aparição da personalidade. Se não se der o clima adequado, o resultado é imprevisível. Se a família ficar destruída, aquilo que acontecer será puro acaso; o pior é que esse elo da corrente se deteriora de um modo incrível. Não se nega a liberdade do homem nem a força da graça, mas constata-se o fato de que quanto maior degradação da família, maiores dificuldades no ensino, mais problemas de personalidade, maiores tensões sociais, mais suicídios, menos solidariedade...

e) *Situação do indivíduo*: encontramo-nos numa sociedade que parece — apenas parece — estar virada para o indivíduo, a pessoa... Fala-se dos direitos da criança, do ancião, da mulher, do delinqüente, do marginalizado, do nascituro, do trabalhador... Todos temos direitos, mas todos, simultaneamente, nos sentimos ludibriados, decepcionados, logrados, "estressados"... por quem? Por todos: abrumam-nos os impostos, os chefes, os súditos, os empresários, os empregados, os amigos, a mulher, o marido, os filhos, os irmãos, os professores, os alunos... O indivíduo se sente mal: não consegue acreditar que tem os seus direitos; pesam-lhe apenas os seus deveres!, que ninguém vai apregoando, mas que é o único com que tropeça, porque os outros os impõem. Não se sente ele próprio; não está convencido do seu poder de escolher a sua vida: elege, vota..., mas sente isso cada vez mais como um engano, como algo muito alheio a sua vida cotidiana; sabe apenas que, se decide ir embora alguns dias, à procura de solidão, encontrará milhares de carros pela estrada e, no fim, terá de disputar um metro de areia na praia ou a sombra de uma árvore na montanha. Se quiser comprar isto ou aquilo, terá de acomodar-se àquilo que está na moda: a marca "X", a cor "Y". Se quiser comer, terá de fazê-lo de acordo com certas normas: isto é ruim...!, isto engorda...! isto é uma promoção...!; se quiser fumar, terá de ir a um vagão especial, colocar-se em certos lugares, sair para outros ambientes... Nem sequer é livre para ter uns momentos de descanso: terá de ver este ou aquele filme, peça de teatro, exposição de pintura, programa de TV... Caso contrário, como vai ficar "in"? Terá de gostar daquilo que está na moda: a música "heavy", a arte pós-moderna... Seria um tremendo ridículo se se atrevesse a opinar algo diferente...! Quem ou o que constitui a medida do ser "eu próprio"? Mas será que alguém pode *ser* vivendo a essa velocidade, nesta época dos "guias": de estradas, de viagens, de restaurantes, de exposições, de espetáculos...?

2. *Tudo isto produz certos efeitos*

Quando analisamos esta pirâmide, caímos na conta de que toda ela descansa sobre a mesma realidade: O homem! Se as nações lutam, é o homem quem as suporta; se as cidades ficam convulsionadas, é o homem quem sente; se o lugarejo fica vazio, é o homem quem se encontra abandonado; se a família racha, é o homem quem cresce desamparado...; o indivíduo é o sujeito desta vida!: da dor, da doença, do abandono, da marginalização, da ignorância, da manipulação... E o indivíduo é também o carrasco de si próprio. Cada vez que um homem prejudica um outro homem, está apenas aumentando o acúmulo de MAL suportado por todos os homens e está jogando isso mesmo sobre si. Está criando o descontentamento, o ressentimento e a violência próprios de quem tem de suportar a injustiça e a dor; está montando uma bomba que lhe pode explodir nas mãos!

3. *A humanidade perante Deus*

Não é isto o que o Senhor criou; nem o que Ele quis que fosse a "sua família". Isto é o Princípio e Fundamento... ÀS AVESSAS! O Plano de Deus virado de pés para o ar. Não fica nada daquilo que Ele pensara como chave da felicidade de seus filhos: onde está aqui o serviço de DEUS e de SEUS FILHOS, o LOUVOR e a ADMIRAÇÃO do criado?

As palavras de Ezequiel parecem uma burla: "Cresce como a erva do campo..."; "cresceste sempre mais em formosura e te tornaste apta para a realeza..." A humanidade estava destinada a isso e tinha tudo aquilo de que precisava para dar uma resposta cumprida a quem nela depositara toda a confiança. Mas "tu te fiaste de tua fama e te prostituíste por conta de tua fama..." É este o espetáculo que a humanidade oferece ao seu Senhor...! Toda a beleza, fortaleza e riqueza da Criação colocada a serviço dos egoísmos dos homens: trocamos o SERVIÇO de DEUS... pelo SERVIÇO DE NÓS MESMOS. De nós, irmãos, filhos... do próprio eu; da solidariedade fomos para a incompreensão; da paz e a mansidão para a violência e a arrogância; da simplicidade e a humildade para o orgulho e a soberba. Por isso, agora pagamos as conseqüências ("desafogarei meu furor contra ti") de tudo aquilo que desencadeamos. Pensando sermos outros deuses, pusemos a felicidade naquilo que não é. Estávamos convencidos de que Deus nos enganava, nos ocultava alguma coisa: por que nos proíbe comer da árvore...? Por algo será! É porque, quando comermos, seremos como Ele!... Já comemos... talvez não seja suficiente!... mais..., mais...!; e o bocado vai ficando amargo, entre os dentes. Há apenas um Deus Criador, que nos fez, com todas as coisas, e nos deu a chave, mas como uma oferta: Se quiserdes...!

ORIENTAÇÃO DE VIDA

1 — Que situações vivi este ano, em que experimentei a presença do mal:
— em que tive de suportar o mal dos outros sobre mim: injustiça, marginalização...?
— Doença, dor, tristeza, solidão...?
— Fui causa de mal para os outros que me rodeiam?

2 — Descubro o absurdo dos motivos que outros tinham para me prejudicar ou para eu prejudicar os outros?
— O que pretendiam eles ou o que pretendia eu?
— Estava na linha do Princípio e Fundamento?

3 — Que conseqüências produziram estas situações?
— Em mim e nos meus, quando fomos sujeitos passivos?
— Em mim, quando fui eu quem produziu tal mal a outros?

17

Décima reunião:

"DEUS NÃO SE CANSA DE NÓS"

"Colóquio" (EE. 53):

"IMAGINANDO CRISTO NOSSO SENHOR,
CRUCIFICADO, DIANTE DE MIM...
COMO ELE SENDO CRIADOR VEIO FAZER-SE HOMEM,
E COMO DA VIDA ETERNA CHEGOU À MORTE TEMPORAL,
E DESTA FORMA VEIO MORRER POR MEUS PECADOS".
"OLHANDO DEPOIS PARA MIM MESMO, PERGUNTAR-ME-EI
O QUE FIZ POR CRISTO,
O QUE FAÇO POR CRISTO
E O QUE DEVO FAZER POR CRISTO..."

"Quando Israel era criança, Eu o amei;
e do Egito chamei o meu filho.

Mas quanto mais eu os chamava, mais eles se afastavam de mim:
ofereciam sacrifícios aos Baais
e queimavam incenso em honra dos ídolos.

E eu tinha ensinado Efraim a andar, pegava-o em meus braços,
e não compreenderam que Eu cuidava deles!

Eu os atraía com atrativos humanos, com enlaçamentos de amor.
Eu era para eles, como os que erguem um bebezinho nos braços
e o acarinham com seu rosto.

. . . . . .

Como é que Eu poderia te abandonar, Efraim?
Como é que Eu poderia te entregar a outros, Israel? . . .
Dentro de Mim, meu coração se comove,
e minhas entranhas se agitam de emoção.

Não darei vazão ao ardor da minha cólera,
não tornarei a destruir Efraim,
PORQUE EU SOU DEUS E NÃO HOMEM,
NO MEIO DE TI EU SOU O SANTO."

(*Os* 11,1-4.8-9)

OUTROS TEXTOS: *Os* 14,2-10
Sb 11,22-12,1 (v. cap. 5: 2.ª reunião).

REFLEXÃO DE GRUPO

A PACIÊNCIA DE DEUS ENVERGONHA A CONDUTA DO HOMEM

Com freqüência, sentimos a vergonha que nos é provocada pela conduta mal-educada ou pouco séria de nossos próximos; mais ainda, quanto maior for a proximidade, como acontece entre pais e filhos, entre irmãos ou entre professor e alunos. Todos nos sentimos mal nesses casos e dizemos para os nossos botões: "Cale, por favor. . .!" "Não diga isso. . .!" "Não faça aquilo. . .!" É uma tentativa de comunicação telepática com quem, inconsciente ou insensatamente estava "dando o show". É que, do lado de fora, as coisas se enxergam com maior clareza; quando se possuem mais dados, percebe-se melhor a situação. Por isso, não podemos menos do que sofrer com os "foras" de quem não enxerga ou não possui os dados, ou atua sem a devida sensibilidade.

Esta vergonha é a que podemos chegar a sentir hoje, ao lermos este parágrafo do profeta Oséias, descrevendo a atitude do Senhor para com o povo, com a humanidade, com a nossa comunidade, com a nossa Igreja. . . e os "foras" que nós demos ao Senhor, quando, longe de reconhecermos a sua bondade e paciência, interpretamos isso como debilidade, cegueira, conformismo ou, simplesmente, despreocupação: "Será que isto importa a Deus...? por que não diz nada...? E é precisamente esse silêncio *respeitoso e fiel* do Senhor para com suas criaturas o que mais nos deveria admirar. Aí está o segredo da compreensão do pecado dos homens: eles fazem e desfazem, pensam-se donos absolutos da Criação, colocam tudo de pés para o ar... E, como o Senhor cala, o seu eloqüente silêncio o enchemos com mil raciocínios macroeconômicos ou de ordem pública ou de que "a vida é assim..." Não sabemos, não podemos sustentar esse olhar do Senhor que não quer pronunciar nenhuma palavra, a fim de que o homem não tenha de atender a nada mais do que ao seu próprio interior e lá se possa encontrar com Ele, que é a parte ofendida, ao ver maltratar seus filhos e sua criação...; e que é, simultaneamente, a parte que acolhe e perdoa o seu filho e criatura.

1. *"Quando Israel era criança, Eu o amei..."*

Deus ama o seu povo; ama essas coletividades que olhamos com receio e culpamos de muitos males. Inconscientemente aprovamos a superioridade do indivíduo sobre a coletividade. Fiamo-nos do amigo, daquele que conhecemos, e receamos do outro, do desconhecido; ainda mais quando são muitos. A multidão nos assusta. "A aldeia", "a cidade", "a nação"... são expressões que usamos freqüentemente, mas com um alcance restrito, de modo que o nosso senso de pertença se reduz a contadíssimos aspectos. Não nos sentimos implicados, solidários com essas coletividades; por isso, dizemos: "Esta cidade é uma porcaria... está suja...", "neste país não se pode viver..." Assim atacamos a cidade, o país, a nação, o partido, a Igreja, a Comunidade, a paróquia..., colocando-nos do lado de fora: "nós" e "eles", os outros, o resto... A culpa é dos que mandam, porque não dizem o que é para fazer, porque não "sabem" mandar, porque não "exigem"... Custa-nos aceitar que as coletividades somos todos, que deveríamos usar o plural, não majestático e sim real: "*Fazemos* mal isto e aquilo...", não *somos* cuidadosos..., não *somos* limpos..., não *tornamos* o tráfico mais fluido e agradável..., não *preparamos* as reuniões..., não *somos* pontuais..., não *tomamos* com interesse o trabalho... o serviço... eu o primeiro! É certo que cada um de nós comete as suas falhas, justificáveis em certas ocasiões; que a soma das falhas de todos se percebe melhor; que, às vezes, resulta impossível justificar o conjunto. Mas, ao menos, devemos nos sentir implicados, aludidos a partir do interior. É muito diferente o modo de falar quando sentimos realmente o compromisso de uma coletividade (da família até um clube de futebol): então atribuímo-nos *aquilo que não fazemos*: vamos contratar... temos de jogar em... tocou-nos a eliminatória com... marcamos um gol...! Sabemos ser críticos das falhas, porque o nosso amor está comprometido; a preocupação por evitá-las nos leva a longas discussões e a empregar muito tempo em formar a nossa opinião e em justificá-la. Não permitimos facilmente que seja atacado aquilo que consideramos nosso ("sabemos lavar a roupa suja dentro de casa") e não permitimos que ninguém venha de fora a criticar ou a dizer o mesmo que nós dizemos. Este é o sinal do verdadeiro fã, do "torcedor" ou daquele que verdadeiramente se sente parte da família e responsável por seus sucessos e fracassos. Não deveríamos sentir de um modo mais vivo a nossa pertença e a nossa solidariedade com tantas coletividades das quais somos membros, das quais somos parte e, por isso, responsáveis pelo mal que nelas existe?

Também nós nos afastamos do Senhor e fomos atrás de nossos próprios "baais", os nossos pequenos e grandes ídolos. O nosso afastamento do Senhor e o culto aos ídolos se enxergam melhor quando analisamos as nossas atividades como parte da paróquia, da Comunidade, ou como simples cidadãos. É claro que nós não tomamos as decisões que afetam a vida da nação... diretamente; mas... indiretamente? Não lemos os jornais, não vemos a TV e escutamos o rádio? Quando comento uma notícia ou um boato, propago uma piada, integro uma passeata, assino uma carta, participo de uma greve..., não estou tomando partido por um tipo de sociedade? A simples abstenção de tudo isso é suficiente para marcar uma posição. Todas as nossas ações parecem inocentes, neutras... e não o são! Ao contrário, indicam um rumo e vão formando esse tecido social.

2. *"Como é que Eu poderia te abandonar, Efraim?*
Como é que Eu poderia te entregar a outros, Israel?"

Não, não pode; nem pode "ceder à cólera". Falando com uma expressão humana, só de pensá-lo o coração do Pai se comove e as entranhas se agitam de emoção. Nem sequer vai cair na tentação de tratar Israel como as outras nações. "Poderá acaso uma mãe esquecer o fruto de suas entranhas? Pois mesmo que ela pudesse, o Senhor não poderá!" Vemos isso também nessas mães que assistem ao julgamento de seus filhos: para todos são uns criminosos; para elas, são somente seus filhos. Não negam que tenham feito isto ou aquilo... mas o seu filho não é ruim! "Algo" aconteceu para que se comportasse assim... Para o Pai somos "aqueles que não percebem que EU CUIDAVA DELES".

O Filho exclamará na Cruz: NÃO SABEM O QUE FAZEM... É que a ação de Deus foi tão sutil, tão silenciosa, tão pouco estrepitosa, que até pode culpar-se a si próprio de não o termos escutado. "É que eu sou Deus e não homem; o santo, não inimigo devastador." A lógica de Deus não coincide com a nossa. O que coincide com o nosso modo de pensar, aquilo que nos incomoda, nós o eliminamos. A nossa atitude é fazer desaparecer tudo aquilo que nos contradiz ou nos faz sombra. Somos tão pequenos que não podemos suportar nada diferente, porque isso basta para nos fazer duvidar, para que os outros nos tenham por menos. A antiga tentação: SER COMO DEUS... Claro! Se não existisse outra opinião a não ser a minha, outro capricho senão o meu, outra justiça nem outro direito diferentes da minha forma de entender as coisas...! Precisamos ficar sozinhos, SERMOS OS ÚNICOS. Por isso, não nos sentimos bem sendo muitos. Não percebemos como, na comunidade, nos desagradam as opiniões de fulaninho e de sicraninho? São mais aceitas pelos outros? Produzem mais impacto do que as minhas? As opiniões deles descobrem as minhas falhas, as minhas incoerências? Se, dentro da Comunidade, sinto a presença do mal, do espírito de domínio, da vaidade... Se todos nos sentimos responsáveis por isso... também todos devemos escutar as palavras do Senhor: não sou inimigo devastador!

Vim para salvar, para dar vida, para renovar a aliança pela qual o Senhor nos fez seu *povo* e nos quer assim. Não tem por que exterminar qualquer coisa. Ele é Deus e não precisa nem pode ser comparado com nada; tem tudo, é tudo e quer partilhar com as suas criaturas. Não se cansa de dar provas de amor: "Eu o amei... Eu chamei... Eu tinha ensinado a andar... Pegava-o em meus braços... Eu os atraía..." O profeta não encontra mais palavras para pôr de manifesto essa proximidade do Senhor, apesar da rejeição de seu povo.

3. *"Vergonha e confusão..."*

Ao relermos este texto, à luz da reunião anterior, a gente tem vontade de se esconder, como fizeram Adão e Eva, quando se perceberam nus, descobertos perante o Senhor! É o nosso pecado...! e é o amor constante do Senhor sobre nós. Este contraste...: os homens, desde sempre, pretenderam colocar-se no centro, serem deuses; Deus, desde sempre, dando um amor silencioso e calado, como oferta... até a chegada de Jesus. Ele tornou carne todo o amor de Deus; de Criador, veio a fazer-se homem, de vida eterna chegou à morte temporal. De novo, Deus amando o mundo até o cúmulo, e o homem, os homens, dando a resposta mil vezes repetida de tirar Deus do meio, de fazer calar esse SILÊNCIO AOS GRITOS. Jesus, na Cruz, é o resumo e o tipo de uma história passada, presente e futura. Isso é o pecado! O homem que levanta uma cruz para dar morte ao Deus que ama, que continua a amar o homem que tenta destruí-lo. É um amor fiel, constante, sacrificado. Já é muito que amemos aquele que pratica o mal, que é diferente de nós; mas amar, procurar, chamar... aquele que nos está prejudicando, aquele a quem vemos como trata os nossos filhos indefesos, prevalecendo-se das prerrogativas e meios que a gente colocou nas suas mãos, em quem confiou plenamente, para que fizesse as vezes de pai para com eles... Esse é o amor de Deus! e essa é a vergonha do pecado dos homens.

ORIENTAÇÃO DE VIDA

1 — Compreendi a importância que Deus concede ao que acontece neste mundo?
- — Sinto-me parte ativa do pecado desta cidade, nação...? Nestes dias, aumentei o volume do mal, com os meus juízos, opiniões, ações...?
- — Senti, experimentei as conseqüências do pecado coletivo em outras pessoas?

2 — Tive ocasião de apalpar o mal e as suas conseqüências, na minha própria vida ou na dos meus?
- — Por culpa de outras pessoas concretas?
- — Pelas "instituições" inflexíveis, burocráticas, gigantescas, anônimas...?

3 — Compreendo agora melhor o amor de Deus?
- — Ao ver como o mal destrói e degrada aquilo que realiza.
- — Que continua a nos chamar a todos...
  - — O que fiz...
  - — O que faço...
  - — O que devo fazer... POR CRISTO.

TESTEMUNHO

"O egoísmo, tanto se é privado como se é radical, tem as suas razões para se exaltar perante a idéia do elemento, elevando-se, por sua própria fidelidade à vida, até os extremos daquilo que ele próprio considera único e incomunicável em si. Pode dizer-se, portanto, que SENTE de uma maneira justa.

O SEU ÚNICO ERRO — suficiente, porém, para desviá-lo do caminho, de um extremo ao outro — é CONFUNDIR A INDIVIDUALIDADE COM A PERSONALIDADE.

Quando procura se afastar o mais possível dos outros, o elemento SE INDIVIDUALIZA. Ao fazer assim, porém, dá um passo para trás e consegue arrastar o Mundo de marcha a ré, PARA A PLURALIDADE, na MATÉRIA. Na realidade, diminui-se a si próprio e se perde.

Com o objetivo de SERMOS NÓS PRÓPRIOS, de modo pleno, é preciso AVANÇAR, NA DIREÇÃO CONTRÁRIA, no sentido de uma convergência com todo o resto, EM DIREÇÃO AO OUTRO.

A meta de nós mesmos, o cúmulo de nossa originalidade não é, pois, a nossa individualidade; É A NOSSA PESSOA. Esta, pela própria estrutura evolutiva do Mundo, não podemos encontrá-la senão nos unindo. NÃO EXISTE ESPÍRITO SEM SÍNTESE.

Sempre, portanto, a mesma lei, de cima para baixo. O verdadeiro Ego cresce em razão inversa ao 'Egotismo'. O elemento, a imagem do Ômega que o atrai, não chega a ser pessoal a não ser ao SE UNIVERSALIZAR."

Pierre TEILHARD DE CHARDIN
Hino do Universo

18

Décima primeira reunião:

"EXPERIÊNCIA DO PECADO PESSOAL"

2.ª meditação dos pecados (EE. 55-61):

"...O PROCESSO DOS PECADOS...
TODOS OS PECADOS DA VIDA..."
"PONDERAREI OS PECADOS...
CONSIDERAREI QUEM SOU EU...
QUEM É DEUS CONTRA QUEM PEQUEI..."
(EE. 71): "...PORQUE ATÉ AGORA
SEMPRE TEM TIDO TANTA
PIEDADE E MISERICÓRDIA PARA COMIGO..."

"E contou ainda a seguinte parábola a alguns que presumiam
SER JUSTOS E DESPREZAVAM OS OUTROS:

— Dois homens subiram ao Templo para rezar:
um era fariseu e o outro cobrador de impostos, então detestado.
O fariseu, de pé, rezava interiormente desta maneira:
'Meu Deus, eu te dou graças
POR NÃO SER COMO OS DEMAIS HOMENS,
ladrões, injustos, adúlteros;
NEM COMO ESTE COBRADOR DE IMPOSTOS.

Jejuo duas vezes por semana
e pago o dízimo de todas as minhas rendas'.

Mas *o cobrador de impostos* mantinha-se longe
e nem se atrevia a levantar os olhos para o céu,
mas batia no peito dizendo:
'Meu Deus, tem compaixão de mim que sou pecador!'

Eu vos digo: este desceu para casa JUSTIFICADO,
ao contrário do outro.
Porque quem se exalta será humilhado
e quem se humilha será exaltado" (*Lc* 18,9-14).

REFLEXÃO DE GRUPO

O PECADO, ESSE "VÍRUS" QUE LEVAMOS DENTRO

Na reunião anterior, vimos o mal que nos envolve, como uma atmosfera contaminada, da qual não podemos escapar. Essas "estruturas de pecado" não são inativas; ao contrário, estão atuando continuamente, produzindo novas ondas de corrupção e maldade. Este clima vai deteriorando a pessoa interiormente, estimulando o crescimento do pior que existe dentro dela, numa tentativa de associar, por identificação tudo o que vai surgindo como novidade da vida. Essa força interior que nos inclina ao mal, conhecemo-la todos e a temos experimentado, de formas muito diversas, ao longo da nossa vida. Sabemos que há terrenos do nosso ser mais fecundos para um determinado pecado: isso que conhecemos como "vício dominante ou pecado mais habitual".

Vamos nos centrar, nesta reunião, em nossa própria "radiografia", naquilo de mais íntimo que nos define e nos condiciona em todas as atuações, porque nos impede sermos livres, sermos nós mesmos, e que nos vai empurrando para uns comportamentos que não se diferenciam daquilo que os outros fazem, daquilo que se espera que todos façam, que sejam semelhantes àqueles que a maioria tem; quer dizer, que reproduzam e tornem mais densa a atmosfera contaminada. Assim, o "eu" terá morrido; terá desaparecido o melhor do eu, dando lugar a uma reprodução em miniatura dessas "estruturas de pecado". É um processo de infecção viral, como uma gripe do espírito que cada um incorpora do ambiente e que contribui para que os outros também a assumam, enquanto todos a vamos padecendo. Por isso, é preciso que sejamos conscientes desse mal que se instalou em nós e que, como Comunidade, nos ajudemos a descobri-lo, pois os olhos que nos contemplam do lado de fora são mais objetivos e menos "condescendentes" com os sintomas que cada um apresenta; é que a imagem que conhecemos de nós mesmos é aquela que nos devolve o espelho em que nos enxergamos todos os dias, embora nos apresente apenas os traços do rosto. Qual espelho nos dará, porém, a verdadeira imagem da nossa careca, da nossa nuca...? A imagem que damos aos outros, a conheceremos apenas quando escutarmos de seus lábios aquilo que eles pensam de nós. Se os escutarmos com ouvidos abertos e singelos, eles nos darão pistas importantes para encontrarmos o vírus, "meu vírus".

1. *"Um era fariseu e o outro cobrador de impostos"*

Cada um de nós leva dentro de si um fariseu e um cobrador de impostos. Esse vírus do pecado não pode dominar o homem todo; sempre existe uma parte boa que luta e se mantém viva no interior da pessoa. Somos um ringue em que o fariseu e o cobrador de impostos tentam derrotar um ao outro por K.O., sem consegui-lo. Nesta luta, há também uns "técnicos" que, do canto, aconselham e, com suas advertências, vão criando uns sentimentos de acordo com as vicissitudes do combate. É isto o que Inácio de Loyola nos deixou nas Regras para o discernimento dos espíritos (v. "Documentos para esta etapa", no cap. 15).

Os conselhos de cada uma destas partes vão em direção oposta e os vamos conhecendo pelas inclinações e ações a que nos induzem.

Qual é a minha parte de fariseu? Como descobri-la? No fundo do nosso ser, estamos bem conscientes de como somos, mas custa-nos debruçar-nos sobre isso e, ainda mais, reconhecê-lo. Por isso, utilizamos toda uma série de recursos para tentar nos enganar; assim, simplesmente: enganar a nós mesmos!, como se fosse uma tarefa fácil. Nesta tentativa de emascaramento, às vezes, pretendemos enrolar os outros que se encontram perto de nós. Pedimos-lhes que nos digam como somos. É claro que temos o cuidado de emitir previamente a imagem que desejamos que eles nos devolvam; o ruim é que, mesmo que o burro se disfarce de sábio, continua burro; e os outros enxergam por baixo do disfarce e nos dizem aquilo de que não gostamos, o que temíamos, aquilo que já sabíamos desde o início... Ora, às vezes nos incomoda tanta sinceridade; outras, rebatemos com argumentos... outras, "passamos", porque eles "não têm nem idéia..." Mas aí há uma grande ajuda. A Comunidade nos pode dizer muitas coisas: como nos vêem!, como nos percebem! Isso pode ser tomado como ajuda para catalisar um processo de contraste e de interpelação. Não se trata de aceitar tudo, sem mais. É uma ajuda para a reflexão e a oração humilde diante de Jesus. Ele não erra; a Ele não o vamos enganar. A contribuição comunitária nos abre para um diálogo com Jesus, como um membro a mais dela, como o centro dela; somos uma célula do seu Corpo. Neste âmbito da fé, vou percorrendo cada uma das coisas que ouvi e reflito:

Jesus... a sua Comunidade... vejo-me como... deveria mudar...

Recolho as sugestões que me fazem em relação às diversas atividades em que participo: vida de família, vida social, amizades, vizinhança, vida sindical, trabalho, relações com chefes, subordinados, sindicatos; vida comunitária: pessoas, oração, comunicação; vida de serviço: o que faço?, como o realizo?, como influi na minha vida?...

2. *"Presumiam ser justos..."*

É muito freqüente não ter a sensação de ser um grande pecador. Como não roubo nem mato, os meus "pecados" são "coisinhas" de todos os dias; são coisas que, à força de repetir e de ver nos outros, me parecem sem importância. Não vemos a malícia do pecado; sentimos a barbaridade que supõe. Acostumamo-nos a julgar *objetivamente* e perdemos as dimensões internas. Roubar 500 cruzeiros... ah! isso não tem importância; 500.000 cruzeiros nos assustam; 500 milhões nos parecem uma façanha. Com esses critérios, aproximamo-nos da nossa vida. E chegamos à conclusão de estarmos "plenamente convencidos..."; não porque Deus seja bom, misericordioso e Pai — Ele o é! —, mas porque não *valorizamos* os nossos atos, porque nos parecem pouca coisa. Quer dizer, que o estar bem com Deus não é fruto do perdão que Deus concede ao filho que peca, mas uma realidade que Deus tem de reconhecer, pois não nos pode imputar coisas graves...: no fim das contas, a nossa amizade com Deus é fruto da insignificância de nossas más ações. Somos amigos de Deus porque pecamos pouco e em medida escassa... Poderíamos dizer que somos pouca coisa até nisto; não devemos, porém, dizê-lo, porque, talvez, o que nos falha é a sensibilidade no "peso". Usamos uma balança para pesar carretas e com essa não dá para apreciar valores mais leves.

O que é que o fariseu diz, convencido de ser justo? — "Não sou como os demais homens, ladrões, injustos, adúlteros..." É possível que não roubasse tanto como os arrecadadores de impostos; e também que se conservasse fiel dentro do matrimônio, mas justo?

Em primeiro lugar, teria de expor os seus desejos: não desejava mais riquezas?, não cairia numa ou noutra daquelas artimanhas que os fariseus usavam para obter benefícios? Não desejava mais do que uma mulher? As suas relações eram corretas, cordiais, legais...? Como tratava os seus pais e irmãos? Como era o seu coração? Alguém pode dizer que não é injusto quando proclama, com toda a solenidade: graças por NÃO SER COMO OS DEMAIS HOMENS... NEM COMO ESTE COBRADOR DE IMPOSTOS!? Não só se compara ao cobrador; é que não há, ao seu redor, ninguém que se lhe possa comparar... Será que conhece todos? Sabe algo de sua história? Para o fariseu basta uma coisa: ele mesmo; todos os outros estão riscados da cena; para ele, como se já estivessem mortos. Ninguém lhe pode ser comparado! Todo aquele que seja pior do que eu... ao fogo!, é digno de ser eliminado. Quem pensa assim deu morte, em seu coração, a tudo; lá não cabe mais nada. Daí à bomba não há mais do que uma decisão corajosa: consumar aquilo que senti, tornar real aquilo que levo dentro. Se o gesto externo é uma barbaridade, sintamos igualmente tantos sentimentos nossos de ódio, vingança, desprezo, marginalização, soberba, crueldade, injustiça... O nosso coração está cheio de SEGURANÇA EM NÓS MESMOS... lá não cabe mais ninguém. SOZINHOS... SER COMO DEUS... Esta é a atitude básica do pecado, a raiz de onde nascem "maus pensamentos, homicídios, adultérios, prostituições, roubos, falsos testemunhos e injúrias..." (Mt 15,19-20). "Isso se traduz em hostilidade contra Deus e sua imagem, o homem. Os egoísmos individuais envenenam a vida social e se solidificam em exploração, rivalidade... De fato, a atitude para com o homem delata a atitude para com Deus. A qualidade da primeira é *índice da segunda*" (J. Mateos, *Cristianos en fiesta,* Ed. Cristandad, Madri, 1972).

3. *"Tem compaixão de mim que sou pecador"*

Qual é a minha parte de cobrador de impostos? A diferença está em que o fariseu e o cobrador eram iguais, mas um não queria reconhecê-lo e o outro sim; um desprezava o outro, o qual não se atrevia a se aproximar; um estava seguro de si mesmo, o outro não se valorizava; um colocava a sua salvação nas obras próprias, naquilo que fazia; o outro somente confiava na misericórdia de Deus; um se distancia dos outros e os despreza, o outro se afasta envergonhado; um se coloca no meio para ser visto pelos outros, o outro fica atrás para ficar consigo mesmo; um quase desafia a Deus, o outro suplica piedade... E Jesus diz que quem se humilha será exaltado. Por que será necessário se humilhar? Será que Deus precisa esmagar a criatura e vê-la humilhada diante d'Ele?

Comparando estas atitudes do fariseu e do cobrador de impostos, perguntamo-nos: qual dos dois me torna mais pessoa? qual dos dois me desagrada e me destrói? qual dos dois me coloca mais na realidade, me faz botar os pés no chão? O fariseu não pode ir assim pela vida, porque está numa nuvem de confusão e de irrealismo; pretender relacionar-se com os outros, a partir dessa posição, é ir deixando o caminho semeado de cruzes; ora, esse caminho conduz à solidão mais espantosa, à solidão consigo próprio, com a falsa imagem de si próprio; é entrar na mais profunda das ALIENAÇÕES: ser um "outro", alheio à verdade do eu.

A atitude do cobrador de impostos é ficar na realidade cotidiana, onde a gente se descobre cheio de limitações, debilidades e até de más intenções e de pecados; mas isso é ele; reconhece-se tal qual é; mas, porque se sabe querido por Deus, gostaria de mudar, e começa um processo de retorno, a fim de deixar de ser aquilo que é. Sabe que tem muito para agradecer ao Senhor; mas, neste momento, o que lhe queima a alma é a sua pouca correspondência a tantas coisas que recebeu. O seu agradecimento não o leva a si próprio mas a Deus; não olha o que ele faz, mas no que não faz; não aquilo que o paralisa numa complacência conservadora, mas no que se encontra na frente e estimula a sua criatividade; não confia em si mesmo, mas na força e compaixão do Senhor.

O cobrador de impostos pergunta-se se a sua vida é uma carga ou uma ajuda para os outros. Tanta "perfeição" acumulada e reconhecida pelo fariseu torna intolerável a vida ao lado dele: quem se atreveria a passar uma temporada com ele? Tudo lhe pareceria ruim, pouco, tarde, sujo...; cada palavra, uma exigência ou uma repreensão; cada olhar, uma reconvenção. As relações fundamentam-se na aceitação do outro, tal qual é, sem pretender mudá-lo; na tolerância de uns ritmos, na compreensão do outro...; apenas quem tropeçou com as dificuldades e se viu afundado e fracassado muitas vezes, na tentativa de superá-las, é capaz de animar e acolher a quem erra ou fraqueja.

4. *"Eu vos digo: este desceu para casa justificado"*

O Senhor não precisa de uma humilhação; apenas deseja que nos situemos na verdade, que vejamos aquilo que somos, como Ele nos vê e como Ele nos quer. Não pode amar-nos mais. Já fez tudo o que podia por nós. Se Ele o fez sem escrúpulos, por nós pecadores, e se mesmo assim nos amou... por que temos que pretender aparecer perante Ele de um modo que não somos? A nossa sinceridade nos coloca de bem conosco mesmos e com Deus. É a criatura que Ele fez: agora a reconhece, quando tira as plumas falsas que desfiguram seu rosto.

Agora é o momento de dar graças ao Senhor, mas por aquilo que é preciso dar graças: por sua paciência... "Como, até agora, SEMPRE teve tanta piedade e misericórdia de mim!" É que esta é a conduta do Senhor "fiel à sua aliança"; o homem cai, o Senhor lhe dá o perdão e promete a salvação. Ele é o profissional do PERDÃO, onde fica mais patente o seu Amor.

ORIENTAÇÃO DE VIDA

1. — Descobri esta semana um pouco mais do meu ser de pecador?
   — Houve algum acontecimento que colocasse a descoberto o meu ponto fraco?
   — Pedi a alguém (do grupo, da família, a algum amigo...) que me dê a sua opinião sobre mim?
   — Caí na conta de algo novo?
2. — O meu ser de pecador me leva a uma atitude nova para com os outros?
   — Sou mais sensível para descobrir o pecado naquilo que me rodeia?
   — Sou mais tolerante para com "o pecador"?
   — Fui levado a descobrir o inumano do pecado?
3. — Cresceu o meu amor para o Senhor que me perdoa?
   — Amor encarnado na "sua" Comunidade, na minha?
   — Amor nos "filhos de Deus", que hoje são novamente crucificados?
   — Amo Jesus "crucificado"?

TESTEMUNHO

SALMO PARA PEDIR PERDÃO

"Eu sei que tu me amas, Senhor, porque és bom,
porque tens coração sensível; perdoa-me,
limpa os meus porões do pecado,
e levanta-me das minhas contínuas quedas.

Sinto-me pecador perante Ti, que és santo;
o meu pecado está grudado a mim.

Contra Ti, só contra Ti pequei,
e os teus olhos viram com pena meu jovem coração manchado.

Que alegria!: és Pai justo e reto,
e julgas sem chantagens nem partidismos.
Percebo-o: nasci manchado pela culpa,
já antes de nascer, envolviam-me as trevas.

Olhas o que há de limpo dentro de mim
e me amas suavemente, como amigo no silêncio.
Abraça-me, e o teu amor mudará meu coração;
sê o meu amigo e caminharei até o cume.

Devolve-me o gozo e a alegria que perdi,
e toda a minha vida exulte em festa;
somos amigos: esquece o mal que fiz
e ajuda-me com o teu amor a renovar-me.

Que brote em mim, como um manancial, um coração puro;
e uma vontade firme, Senhor forja em mim.
Quero ver o teu alegre rosto ao meu lado
e que a tua força me preceda e me acompanhe sempre.

Dá-me, suplico-te, a alegria de tua salvação
e um coração sincero que jogue tudo por Ti.
Direi aos jovens que teus caminhos são formidáveis;
e aos que pecam sem conhecer-te, que experimentem o que Tu és.

Dá-me vida, pois eu amo viver, Deus da vida,
e direi aos homens que tudo é possível contigo;
abre o meu coração e os meus lábios para Ti, Senhor,
e poderei dizer o quano te amo.

Eu já sei que não caminhas por rodeios
e que não queres de mim palavras vazias;
que aquilo que pedes é um coração arrependido:
um coração sincero e nobre, é isso o que desejas.

Sê bom (sê Deus) para comigo e para com os outros
e protege as nossas vidas indefesas;
a Ti oferecemos a nossa dura vida de cada dia
para que a recebas sobre o teu altar.

Devolve-nos, suplicamos-te, o gozo e a alegria,
e toda a nossa vida exulte em festa.
Somos amigos: esquece o mal que te fizemos
e ajuda-nos, com teu amor, a converter-nos."

19

Décima segunda reunião:

"AVALIAÇÃO DO PECADO PRÓPRIO"

Colóquio a Nossa Senhora (EE. 63):

"...QUE SINTA
INTERNO CONHECIMENTO DE MEUS PECADOS
E ABORRECIMENTO DELES..."
"...A DESORDEM DAS MINHAS AÇÕES..."
"...CONHECIMENTO DO MUNDO..."

"No ano seguinte, na época em que os reis partem para a guerra, Davi mandou Joab, sua gente e todo o Israel, que devastaram a região dos amonitas e sitiaram Rabá; mas Davi ficou em Jerusalém. Uma tarde, Davi, levantando-se da cama, passeava pelo terraço do palácio, quando avistou uma mulher que se banhava, e que era de grande beleza. Informou-se Davi a respeito dela. Disseram-lhe:

— É Betsabé, filha de Eliam e esposa de Urias, o Heteu.

Davi mandou mensageiros a buscá-la. Quando chegou, dormiu com ela, que... tendo concebido, mandou dizer a Davi: 'Estou grávida!'

Então Davi enviou a Joab a seguinte ordem:

— Manda-me Urias, o Heteu.

......

Urias dormiu diante da porta do palácio real... não foi à sua casa...

E Urias permaneceu em Jerusalém... No dia seguinte, Davi o convidou para comer e beber, e o levou a embriagar-se...

Davi escreveu uma carta a Joab... 'Coloca Urias na frente, onde a batalha for mais renhida, e deixa-o em seguida, para que seja atingido e morra...'

......

Saíram eles da cidade para pelejar com Joab, e tombaram alguns dos homens de Davi, entre os quais Urias, o Heteu.

......

Davi se irritou... O mensageiro disse a Davi:

— Os inimigos, levando vantagem sobre nós, saíram a campo aberto... morreu também o teu servo Urias, o Heteu.

Davi respondeu:

— Não te aflijas com isto... Assim confortarás Joab.

......

Javé mandou a Davi o profeta Natan..."

(2*Sm* 11,1-7.9.13.14-18.23-25; 12,1)

REFLEXÃO DE GRUPO

NÃO ENXERGAMOS A TRAVE NO NOSSO OLHO

Custa-nos reconhecer o nosso pecado, cair na conta do que ele tem de absurdo, de malícia, de ruptura interna do plano de Deus sobre cada um de nós; numa palavra, de DESORDEM. Somos tão agudos e hábeis em procurar excusas e justificativas de todo tipo que, no fim, ficamos "aparentemente" tão tranqüilos e, se o não conseguimos, tentamos esquecer que aquilo que fizemos foi um disparate. Somos uma excelente máquina de tirar responsabilidades. Pelo contrário, toda essa facilidade transforma-se em rigidez, intolerância e incompreensão, quando se trata dos outros.

Dir-se-ia que a sensibilidade aumenta e que o respeito à lei se torna gigantesco; enxergam-se graves conseqüências, danos e prejuízos da parte de todos; a falha dos outros põe em perigo as essências mais puras e subverte todas as ordens morais e éticas que sustentam a vida da humanidade. As balanças para determinar o peso das ações são tão esquisitas que têm muito pouco em comum. Dir-se-ia que não possuímos visão "para perto", para o nosso interior, enquanto somos hipersensíveis "para longe"; e, quanto mais longe, mais sensíveis.

Pretender conhecer a malícia, a desordem da nossa vida, por uma analise própria poderia levar-nos a colocar em marcha todos os mecanismos de defesa conhecidos: projeções, racionalizações, sublimações etc. Jamais reconheceríamos que algo nos "atingiu". A Palavra de Deus conhece perfeitamente a natureza humana e nos ensina a escarmentar em cabeça alheia.

1. *O "malvado" Davi... parece algo comigo?*

O texto do segundo livro de Samuel narra-nos pormenorizadamente, sem poupar nada, o pecado de Davi ou, melhor, os seus muitos pecados. Vamos ficar com a impressão de que é quase impossível que se possa atuar assim. Também a Davi lhe causou essa impressão!

O texto nos diz que, chegada a primavera, o momento em que os reis, os senhores daquelas cidades amuralhadas, dirimiam as suas diferenças acerca da posse de uns hectares de terra ou de uns poços de água para poder dar de beber a seus rebanhos, Davi reúne suas tropas, nomeia seus oficiais e envia Joab a lutar. Primeiro contra-senso: as posses eram para os senhores, os reis; os soldados eram recrutados dentre o povo, sem outro pagamento que a comida; e ainda o rei se exime de colocar-se à frente deles e manda Joab. Não cumpre com a sua obrigação mais elementar: pelo menos, estar com os seus, animá-los e conduzi-los à vitória ou consolá-los na derrota. Davi vai tomar uma atitude e não a vai abandonar: ele é o umbigo do mundo, o centro da realidade; tudo terá de girar em torno dele e do seu capricho. É mais cômodo ficar em casa, enquanto os outros tiram as castanhas do fogo. E Davi fica. Não é que tivesse trabalho demais: "Uma tarde, Davi, levantando-se da cama, passeava pelo terraço do palácio..." Dá a impressão de que aquele homem se aborrecia em casa e que a preguiça se apoderara dele. Nessas circunstâncias, o que acontece a qualquer um é procurar distrações, para passar o tempo, para "matá-lo...". A ocasião não pôde vir mais certeira: Betsabé banhando-se. Davi já não se contém: é como um mecanismo sem freio; pergunta e ordena.

Às vezes, nos queixamos das circunstâncias: se não tivesse sido assim...!, se não se tivesse cruzado aquilo...! Recorremos aos outros para descarregarmos sobre eles a nossa culpa, porque eles me incitaram...! Eu estava tão tranqüilo, sem implicar com ninguém...! Davi também poderia recorrer a esse estratagema, como Adão: Se essa mulher que me deste por companheira não me tivesse oferecido a maçã...! Para cada um, a culpa, a raiz de tudo está nos outros; e, se furungamos um pouco no nosso interior, a culpa a tem DEUS! Não é Ele o dono de tudo? Não poderia ter feito com que acontecesse isto ou deixasse de acontecer aquilo? COMO TENTAMOS NOS ENGANAR! Apenas tentamos... Aí está Davi, com a sua indolência e preguiça sobre os ombros, entediado, com má consciência por não estar no seu lugar...; como vai acusar alguém? O pecado estava nele, no seu interior, como nos diz o Gênese (4,7):

"O Senhor disse a Caim:

— Por que estás irritado e por que o teu semblante está abatido? Se tivesses boas disposições, não levantarias a cabeça? Se não as tens, O PECADO ESTÁ À TUA ESPREITA E É ATRAÍDO PARA TI, MAS TU DEVES DOMINÁ-LO".

Espreita como um leão a rugir, dando voltas ao redor de sua presa. Deixamo-nos conquistar. Já sabemos que ele está aí; ninguém vai suprimi-lo; está espreitando os nossos movimentos!

Davi estava sem defesas, sem controle; fizera da sua vida uma procura incessante da própria complacência. O que lhe agradava e satisfazia os seus apetites, isso era para ele norma e luz; sem lugar de ser rei de seus súditos, em nome de Deus, substituíra Deus pela sua própria pessoa. Todo Israel ao seu serviço: homens e mulheres, gados e posses... Senhor de vida e de morte! O Princípio e Fundamento às avessas. Assim não respeita nada nem ninguém. Não apenas toma a mulher de Urias; pretende, logo depois, brincar com Urias. Enganá-lo. Manipula-o de forma vil. Faz com que abandone a sua obrigação, o exército: não importa se é necessário lá ou não. Que venha! Agora, umas férias pagas!

"Desce à tua casa e lava os pés..." e "foi seguido de um presente da mesa real..." Mas Davi não contava com a estatura daquele homem, que não entendia de mutretas nem de servilismos.

Ele tinha uma consciência muito clara do que devia ser um servidor do rei em tempo de guerra... e não estava pelo soldo. Entrar no jogo de um senhor que pretende se divertir às custas do sangue de sua gente? Urias está ensinando Davi a ser homem, a ser conseqüente. O que não tinha sido. Perante a prepotência de Davi, a denúncia clamorosa de Urias. Todo Israel pode conhecer o que aconteceu! É isso o que Davi já não tolera. Essa denúncia põe de manifesto toda a sua covardia. Agora se lança por um outro terreno: a vingança contra quem descobre o nosso pecado. Já não é uma brincadeira; agora estão no meio o orgulho e a soberba de um homem que também não aceita o fracasso de seus planos. Se aquele tivesse aceitado ir a casa uma única vez...! Passar um dia, uma noite...! Também não era tanta coisa...! Mas empenhou-se em tornar as coisas difíceis e agora, para a soberba, só fica um caminho. O sentimento de ira e de cólera internas, por causa da humilhação recebida se vai traduzir num assassinato vergonhoso. Davi já o eliminara da sua própria vida; agora vai eliminá-lo da vida dos outros. Urias é um escarmento para todo aquele que não "saiba obedecer", para que todo Israel reconheça quem é que manda.

Importa pouco que Urias leve com ele outros homens e oficiais de seu exército; todos morrerão. Mas... "Assim dirás a Joab: 'Não te aflijas com isto, pois a espada consome ora este, ora aquele...' " Assim, tudo está certo. Até vai se impor à consciência de Joab. Não há mais motivo de remorso. Quem é Joab para pensar? Não é um general que "deve obediência" a seu Rei? Converteu todos em máquinas. A obediência não é isso; contudo, como nos refugiamos nela quando nos convém, quando estamos de acordo e queremos cobrir nossa consciência com ela! Joab tinha uma consciência; sabia melhor do que o Rei aquilo que devia e não devia ser feito naquele momento: aquilo era um crime!, e não se podia obedecer num crime sem se tornar cúmplice do mesmo. E se não obedece? E se o deixam sem trabalho? E os seus filhos...? E a sua vida...? E a sua consciência? Dormiria Joab tranqüilo, a partir daquele momento?

2. *"Javé mandou o profeta Natan"* (12,1)

Após a tormenta, vem a calma. Impõe-se a sensatez. Davi percebe, pela metade, o que fizera: uma mulher sozinha, abandonada e com um filho dele nas entranhas. Davi quer colocar um remédio a isso e a acolhe em sua casa. Mas o Senhor reprovou o que Davi fizera. Não era para menos!

O Senhor ama suas criaturas; não as abandona, quer que Davi aprenda; e lhe vai dar uma lição de pedagogia divina. Se Natan se tivesse colocado diante do Rei, e tivesse repreendido abertamente a sua conduta, é muito possível que Davi se teria enfurecido, não teria escutado uma palavra mais e teria rejeitado todas e cada uma das afirmações de Natan; e se as coisas tivessem ficado mal, não sabemos o que teria acontecido com a cabeça do profeta. Não teria sido nem o primeiro... nem o último! (Até chegar a D. Oscar Romero, muitos profetas caíram neste mundo.) Por isso, Natan vai iniciar o seu ataque denunciando "um vizinho", um desses que fazem tudo errado e têm a culpa de tudo; numa palavra: os que são ruins por natureza e com os quais não se deve ter nenhuma consideração. Por isso, ao ouvir Davi aquilo que "o outro" fizera, julga de modo rápido e certeiro: "Por Javé que vive, o homem que fez isto merece a morte!" A razão é justa, justíssima: "Não quis respeitar o que era do outro; então pagará..." Isso, apesar de que não se tratava senão de uma ovelhinha; se o profeta chegasse a dizer tudo... No caso de Davi, era a mulher, a vida de um grupo de amigos e do próprio interessado. Então Natan disse a Davi: "Tu és esse homem!"

Somos nós!, cada um de nós, os que estamos nesse pecado de Davi. Quando não respeitamos o que é do outro; quando nos fazemos o centro daquilo que nos rodeia: mulher, filhos, irmãos, amigos...; quando se trata da lei do nosso capricho e gosto; quando não cedemos em nossas opiniões e endurecemos o nosso julgamento; quando fazemos ouvidos surdos às denúncias dos outros; quando não fazemos caso das indicações dos membros da Comunidade; quando justificamos as nossas ações; quando pactuamos com nossa preguiça e inércia; quando não caímos na conta da descida que nos leva ao egocentrismo, quando não estamos vigilantes: sem oração, sem examinar os nossos pensamentos; quando acusamos os outros, a vida, a sociedade, o governo etc.

3. *"Pequei contra Javé!"*

Qualquer um diria que Davi errou; o que ele fez foi abusar de uma mulher casada, matar o marido dela, um punhado de valentes... além de não cumprir com a sua obrigação e de ser um incoerente, vaidoso, soberbo etc. Como diz que pecou contra Javé?

Natan lhe dirá: "Assim fala Javé... Eu te ungi, libertando-te da mão de Saúl. Eu te concedi a casa de teu senhor e pus as suas mulheres em teu colo... etc.". Javé lhe deu força para que fosse rei, guiasse o seu povo: fosse seu servidor... sendo servidor dos outros. Como respondeu Davi à confiança do seu Senhor? O que fez com as coisas e pessoas que lhe foram confiadas? O Senhor se identifica com elas, porque são d'Ele, porque Ele colocou nelas o seu sinal, e abusar delas é uma violação do seu destino. Jesus nos dirá em Mt 25,40: "Cada vez que fizestes isso a um dos menores desses meus irmãos, a mim o fizestes". O homem ofende a Deus no homem; e encontra Deus no homem.

Natan respondeu a Davi:

— "Javé perdoou o teu pecado, de modo que não morrerás". Certamente, se Davi fosse obrigado a ditar sentença sobre si próprio, poderia ter dito muito bem: "Réu de morte". O conjunto das coisas que desencadeara não tinha um outro veredito. Os homens não conhecemos uma outra justiça: "Olho por olho, dente por dente..." Quanto maior a barbaridade, maior a pena. Deus não julga assim: já perdoou o teu pecado...; quando ouvimos isto, parece-nos que o perdão seja uma *aprovação* daquilo que perdoamos. Como se o Senhor nos dissesse: ora, isso não tem importância, podes continuar a o fazer... por isso, eu te perdoo! Será que os homens somente perdoamos aquilo que não nos "dói", que não tem importância, que dá na mesma? Não somos capazes de compreender que Deus *sofreu* com aquela mulher humilhada e abandonada, com aqueles homens que se viram perante a morte, sob uns muros, indefesos, sozinhos, sangrando, sem nenhuma voz amiga que os ajudasse a morrer...? Será que para Deus dava na mesma que Davi cumprisse o seu dever ou não, do mesmo jeito que a um pai dá na mesma que o seu filho seja uma boa pessoa ou um desgraçado? Por que afastamos Deus de suas criaturas? Para poder abusar delas sem ter de olhar os olhos de seu Pai? Mas Deus, que vive o drama do pecado por dentro, perdoa; perdoa-nos, para que nos arrependamos, para que fiquemos mais perto d'Ele.

ORIENTAÇÃO DE VIDA

1 — Olhando o pecado de Davi, pondero melhor o meu?
— as minhas tendências espontâneas...
— as minhas intenções...
— os meus medos e angústias...
— as minhas invejas dos outros...
— as minhas soberbas e seguranças...
— os meus falsos pudores...

2 — Escuto a leitura carinhosa que Jesus me faz... e a da minha Comunidade?

— você pensa ser o centro de tudo..?; será verdadeiramente?;

— você respeita os outros: opiniões, gostos...?;

— se os outros tivessem o que você tem...?

— você se acha um bom administrador da "herança do Pai"?

3 — A figura de Maria ao pé da Cruz de seu Filho, tem algo a me dizer?

— Ensina-me a fidelidade ao Filho?

— Saber perdoar? Ser perdoado?

— A razão de seu amor para comigo?

TESTEMUNHO

"Não chores, tu, meu filho...
Como devem ser ruins esses que sempre
estão a te bronquear sem motivo!
Chamar-te 'sujo' porque, quando estavas
a escrever, manchaste com tinta os dedos e o rosto?
E não se envergonham?
Ousariam chamar de 'suja' a lua nova
porque sujou o rosto com tinta?
Meu filho, eles culpam você por qualquer coisinha:
tudo o que é de você lhes parece mal.
Que você rasgou a roupinha brincando?
E é por isso que chamam você de 'desastrado'
Será que não têm vergonha?
O que é que dirão da manhã do outono,
quando sorri por trás das nuvens rasgadas?
Mas você não lhes faça caso, meu filho.
Como contaram bem as suas faltas!:
todo o mundo sabe como você é guloso;
e é por isso que o chamam de 'comilão'?
e não têm vergonha?
Então, como chamariam a nós
porque gostamos tanto de você que o comeríamos a beijos?"

Rabindranath TAGORE,
"A lua nova", em *Obra escolhida*,
Ed. Aguilar, Madri, 1977[11], p. 93.

20

Décima terceira reunião: "A ALEGRIA DO PERDÃO"

"Disse ainda:

Um homem tinha dois filhos. O caçula disse a seu pai:

— Pai, dá-me a parte dos bens que me cabe.

E o pai repartiu seus bens entre os dois. Poucos dias depois, o caçula juntou todos os seus bens, partiu para uma região longínqua e esbanjou tudo por lá, vivendo dissolutamente. Depois de gastar tudo, uma fome terrível assolou aquela região e ele começou a passar privações. Então ele ficou como empregado de alguém daquela região, o qual o enviou aos seus campos para guardar porcos. Bem que ele desejava matar a fome com as vagens que os porcos comiam. Mas, nem isso lhe davam! Caindo então em si, disse:

— Quantos empregados de meu pai têm pão em abundância e eu aqui morrendo de fome! Vou partir, voltar para meu pai e dizer-lhe: 'Pai, pequei contra o céu e contra ti. Não mereço mais ser chamado teu filho. Trata-me como um dos teus empregados!'

Ele partiu de volta para seu pai. Ainda estava longe, quando o seu pai o avistou e ficou penalizado. Correu, então, ao seu encontro, abraçou-o cobrindo-o de beijos. O filho lhe disse:

— Pai, pequei contra o céu e contra ti. Não mereço mais ser chamado teu filho!

Mas o pai ordenou a seus empregados:

— Trazei-me depressa a melhor roupa e colocai-a nele. Ponde um anel no seu dedo e sandálias nos pés. Trazei também o novilho de engorda, matai-o, comamos e façamos uma festa; porque meu filho estava morto e voltou à vida, estava perdido e foi encontrado!

E começaram a festa.

O filho mais velho estava no campo. Mas quando voltava, aproximando-se da casa, ouviu a música e o barulho das danças. Chamando um dos empregados, perguntou-lhe o que significava aquilo. Ele respondeu:

— É teu irmão. Está de volta e teu pai matou o novilho de engorda, porque o recuperou com saúde!

Ele ficou enfurecido e não queria entrar. O pai saiu e insistiu com ele. Mas ele respondeu ao pai:

— Há tantos anos que te sirvo, sem desobedecer a nenhuma de tuas ordens, e nunca me deste um cabrito sequer para fazer uma festa com meus amigos. Mas só porque está de volta esse teu filho, que esbanjou os teus bens com as prostitutas, mandas matar para ele o novilho de engorda!

Mas o pai lhe respondeu:

— Filho, tu estás sempre comigo e tudo o que é meu é teu também! No entanto, era preciso festejar e ficar alegre, porque esse teu irmão estava morto e voltou à vida, estava perdido e foi encontrado!"

(*Lc* 15,11-32)

REFLEXÃO DE GRUPO

A ALEGRIA MAIOR É A DO PAI

Falar da alegria do perdão é falar, sobretudo e principalmente, da alegria do Pai, de Deus que perdoa. Assim o manifesta o Evangelho, tanto na parábola que hoje comentamos como em outros lugares: "Haverá mais alegria no céu por um pecador que se converter do que por noventa e nove justos. . ." Nunca se menciona a alegria que experimenta o pecador; nem daquele que se arrepende nem do filho menor nos é dito nada; não só não se diz que se alegrasse, mas nem sequer que tivesse um gesto para com o seu irmão. É que aqui está sendo descoberta uma coisa muito importante: o coração do Pai. Algo que os homens nem podíamos sonhar; algo que, após vinte séculos de cristianismo, ainda nos custa aceitar. Rodeamo-nos de argumentos para nos convencer de que não pode ser assim, e logo puxamos a justiça de Deus, que é uma forma de revestir a nossa dureza e insensibilidade para com os outros: como para nós não têm nenhuma "graça" nem seus atos nem suas pessoas, desejamos que se lhes faça sentir "todo o peso da justiça!"

Se um homem com a sensibilidade de Tagore pode escrever:

"Fala dele quanto quiseres. . .
mas eu sei melhor do que tu e do que ninguém
as faltas de uma criança.

Eu não a quero precisamente porque seja boa,
mas porque é o meu filho.

E como podes tu saber o tesouro que ele é,
tu que tratas de pesar seus méritos e suas faltas?

Quando eu tenho de castigá-lo, é mais meu do que nunca.
Quando o faço chorar, o meu coração chora com ele.
Somente eu tenho direito a acusá-lo e a castigá-lo,
porque somente aquele que ama pode castigar",

o que poderíamos dizer do coração de Deus Pai?

1. *"Não mereço mais ser chamado teu filho"*

Não caía na conta da bobagem que estava dizendo. Nesta frase, não há nada certo; toda ela é um absurdo aos ouvidos do Pai.

Em primeiro lugar, ninguém merece o privilégio de ser filho de Deus, de estar vivo. É um dom gratuito que o Pai nos deu porque sim, porque Ele quis, sem ter presente se iríamos ser melhores ou piores, se iríamos responder ao seu chamado ou não. Isso teria sido um cálculo frio, impróprio de um Pai. Ele se antecipou a dar tudo o que tinha e podia dar; além disso, deu-nos a liberdade, a fim de que pudéssemos possuir tudo de forma pessoal. Méritos? Mas não nos deu Ele tudo? Até a possibilidade de uma resposta correta. Aquilo que o filho merecia era não ser filho de tal Pai!; não precisamente agora, mas desde o momento em que não soube apreciar o seu Pai e preferiu a companhia dos que lhe chuparam o sangue e se aproveitaram do seu dinheiro e, depois, o abandonaram à sua sorte. Ruim? Não, antes cego!

E continua: não mereço mais... "ser chamado teu filho". Parece-lhe que, se de agora em diante, já não for chamado "filho", não for tratado como tal, tudo ficará solucionado: a partir desse momento, o Pai não terá de contar com um filho tão desastrado, já não deverá se envergonhar. Mas como poderia o Pai não contar com dois filhos...? Ele tinha dois... não lhe basta ter um! Não pode aceitar esta troca; um criado fiel, um diarista cumpridor não pode substituir um filho, por muito tenebroso que tenha sido o seu passado. Aliás, será que o Pai vai ter de se conformar "*hoje*" com a perda de um filho, pelo que possa ter feito "*ontem*"?

Este filho menor não sabia o que era ser filho, talvez porque nunca fora pai. O pai ama o filho porque é filho, não porque seja bom! Ama *sem esperar* resultados.

O pai ama porque o filho, seu filho, é obra dele e digna do seu amor. Não pode amar mais! Seja bom, seja ruim..., é amado, querido até o cúmulo. "Quando ainda estávamos sem força, no tempo devido, Cristo morreu pelos maus. É difícil que alguém queira morrer por uma pessoa justa... Mas Deus mostra seu amor para conosco pelo fato de Cristo ter morrido por nós, quando ainda éramos pecadores" (Rm 5,7-8).

2. *"Seu pai o avistou e ficou penalizado"*

Não foi por acaso que, naquele dia, o Pai saísse para dar um passeio pelas vizinhanças do povoado e chegasse a avistar seu filho. Será que o pai saía todos os dias? Tinha a secreta convicção de que o filho voltaria um dia ou outro; por isso, o esperava. Pensara tanto nele durante esses anos...! Notara tanto a sua falta...! Ficou penalizado: como viria?, qual seria o seu estado? Poderia suspeitar o pai que o seu filho vinha de visita..., que era um triunfador..., que tornaria a ir embora...? Estava convencido de que o seu filho vinha derrotado, humilhado; por isso, correu ao seu encontro, porque o seu coração não podia esperar. Esse coração onde o perdão mais completo já acontecera, onde não havia o menor rasto de ressentimento, rancor ou vingança. O pai, nas suas insônias, o "vira" tantas vezes, passando necessidade, falta de carinho... Teria ido buscá-lo se isso não tivesse suposto uma humilhação para o seu filho. Por isso, agora corre ao encontro; não existe soberba, nem "posses", nem dignidade ofendida... nem sequer há ouvidos para as asseverações de fidelidade, desprendimento...

Como iria aceitar o pai a idéia de perder definitivamente o filho, para convertê-lo em operário? Que idéia maluca...! Se o que acabava de acontecer era exatamente o contrário...: o que estava perdido fora encontrado; o que estava morto tinha ressuscitado.

A lógica do pai não é a lógica do filho. Deus e o homem frente a frente. O homem, os homens, queremos manter a dignidade, a nossa responsabilidade, o castigo merecido, um perdão pela metade... Se tomei uma decisão, é com todas as suas conseqüências; se erro, sou eu quem erra... Exigimos, porém, dos outros que atuem também assim. Você fez, então você paga! Que sirva de escarmento! No fundo, o que estamos procurando é que nos deixem em paz; não termos de socorrer ninguém; isolarmo-nos com o nosso eu e "as nossas circunstâncias"; já tenho suficiente! A lógica de Deus vai por outros caminhos: esquece e perdoa totalmente. Para que lembrar o passado se é isso o que lhe fez sofrer tanto? É agora quando ele está feliz, com o filho em casa de novo! Recoloca a pessoa na sua dignidade de filho, porque, ao vê-lo assim, desfruta mais; sem olhar para o passado... nem para o futuro!; não há reticências nem suspicácias nem reconvenções nem advertências... Ele já sabe do que é que eu gosto, conhece aquilo que me causa tanto sofrimento e amargura...! "Vai... não tornes a pecar... ninguém te condenou..." (Jo 8,11).

3. *"Ficou enfurecido e não queria entrar"*

O filho "fiel" também não compreendera o seu pai. Ainda pior: não se lhe "grudara" nada do seu estilo e forma de sentir. Este outro filho, que parecia ser "o bom", o obediente, dócil e próximo a seu pai, logo que se lhe apresenta a oportunidade, levanta a cabeça e se mostra tal qual é: ressentido, vingativo, rábula, intransigente, intolerante, insolidário...; em definitivo, pouco irmão e muito menos filho de tal pai.

Às vezes, custa-nos ver a nossa imagem no filho pródigo: não matamos, não roubamos, somos bons garotos...! Ora, passamos depressa demais perante este outro tipo de filho. Não será esta a figura que melhor nos retrata? Deveríamos trocar o título desta parábola: não a do filho pródigo, mas a do filho hipócrita. Porque, tendo passado tanto tempo junto ao seu pai, nunca lhe abriu o coração, não foi capaz de ter confiança com ele para lhe pedir, para se queixar... e vai escolher o dia da reivindicação precisamente quando causa maior mal: o dia em que o pai recebe a maior alegria, o dia em que o Pai recobra o seu filho; nesse dia, descobre que, na realidade, não tinha nenhum, porque nenhum é semelhante a ele, ninguém herdou os traços do seu coração.

Do que é que o filho mais velho tem medo? Por que fica indignado? O que nos acontece quando o nosso coração se fecha e as nossas entranhas se endurecem diante dos outros?

O que destaca, à primeira vista, é que o filho mais velho se sente injustamente tratado: sente que o pai ama mais aquele que não cumpre, o ruim, do que a ele. Dir-se-ia que o amor do pai tem predileção pelo transviado de seu irmão e não reconhece o duro e laborioso que é guardar a fidelidade. Aqui está o tremendo. Para o filho mais velho, tornou-se *insuportável* a proximidade do pai, sinal de quão diferentes são; por isso, deveria ter cometido algum "pecadinho"... de menor importância; por exemplo, estar *com* seus amigos. Existe uma preferência, que são os amigos, "os outros", diferentes do pai. É uma atitude freqüente: a dos "bons pela força". São bons porque "precisam sê-lo", porque é um dever; mas isso não brota de um coração convertido, *tornado bom*. Poderíamos dizer que não goza nem se alegra com o ser bom, mas que leva isso como uma carga pesada. Nesta disposição, sempre se sente falta desse "cabrito com os amigos"; do poder deixar de ser bom, mas dentro de uma ordem..., fazendo a vista grossa perante essas debilidades. Triste situação a dos escravos do dever! A sua obediência às prescrições e mandatos os impede apreciar as pessoas, alegrar-se com elas e tornar-se solidários com as suas necessidades e alegrias.

ORIENTAÇÃO DE VIDA

1 — Como aceito o perdão do Pai?
   — Com toda a franqueza, sem rodeios nem falsas excusas?
   — Sinto "culpabilidade", desconfio do perdão?
   — Estou convencido de que lhe dou a grande alegria ao me perdoar?

2 — O perdão me leva a me sentir mais querido e a devolver amor por amor?
   — Sinto mais vivo o amor do Pai, em Jesus crucificado?
   — Percebi-me, durante estes dias, mais tolerante, compreensivo, carinhoso com os outros, filhos queridos do Pai?

3 — Fui capaz de perdoar os que me ofenderam ou me fizeram mal (voluntária ou involuntariamente)?
   — com suas idéias contrárias às minhas, na política, no trabalho, na forma de julgar os acontecimentos, na Comunidade, no serviço;

— com suas ações de protesto, greves; decisões no negócio, no trabalho, no estudo, na família, na Igreja;
— com suas palavras, comentários, discursos etc.?

TESTEMUNHO

"Uma ovelha descobriu um buraco na cerca
e escapuliu-se através dele.
Estava feliz por ter escapado.
Andou errante durante muito tempo e acabou por se desnortear.

Então caiu na conta de que estava
sendo perseguida por um lobo.
Começou a correr e a correr...
mas o lobo continuava a persegui-la.
Até que o pastor chegou, salvou-a
e a conduziu, de novo, com todo o carinho, ao redil.

E apesar de que todo o mundo lhe instava a fazer o contrário,
o pastor negou-se a tapar o buraco na cerca."

Anthony DE MELLO,
O Canto do Pássaro,
Edições Loyola, São Paulo.

21

AVALIAÇÃO DESTA ETAPA

1. — NÍVEL PESSOAL

— Cresceu em mim a consciência do mal social que nos rodeia?

— Experimentei as conseqüências deste mal social na minha vida e nas suas conseqüências mais radicais?

— Descobri, mais claramente, as minhas limitações e debilidades conscientes e inconscientes?

— Sinto-me solidário com o mal de toda a humanidade?

— Cresci em humildade e proximidade a todos os homens que erram, se extraviam, sofrem... a conseqüência do mal e do pecado?

— Cresceu em mim a esperança desta salvação que nos chegará gratuitamente da parte do Pai, em Cristo Jesus?

— Sinto maior gratidão pelo perdão e libertação que Jesus me concedeu?

— Aprendi a perdoar de coração, como o Pai me perdoa?

— Sinto um chamado para ser libertador dos outros?

---

* Podem-se ampliar as pautas para avaliação em Ceferino GARCÍA, S.J., *Comunidades de Vida Cristã* (2), Edições Loyola, São Paulo, 1986, pp. 139-140.

2. — NÍVEL DA ORAÇÃO

— Encontro maior facilidade para a oração pessoal?

— Nos meus momentos de oração, predominam sentimentos de *humildade,* ao reconhecer-me pecador, e de *agradecimento,* ao me sentir perdoado?

— Cresce, na minha oração, o oferecimento ao Senhor, para o que Ele quiser dispor sobre mim?

— Que valor tem para mim, neste momento, a "oração cotidiana sobre a vida"?

— Fica mais fácil, para mim, a oração comunitária? Procuro, com sinceridade, a ajuda dos outros e a glória do Senhor antes do que o "ficar bem"?

3. — NÍVEL GRUPAL

— O conhecimento e aceitação dos outros incluem os seus defeitos e limitações? Fala-se com clareza e autenticidade, não "como em visita"?

— Houve uma renúncia a todo afeto desordenado de manipular ou instrumentalizar a Comunidade, de acordo com as idéias próprias?

— Chegou-se ao compromisso de tratar na Comunidade tudo aquilo que implique discrepâncias, diferentes pontos de vista ou dificuldades no relacionamento pessoal?

— Foi feita, na Comunidade, uma leitura, a partir da fé, das expressões do mal coletivo e pessoal?

— Existe uma aceitação sincera do mal da própria Comunidade? Cresce o sentimento coletivo de humildade?

— Deixamo-nos interpelar, como Comunidade, por outras Comunidades, acontecimentos ou experiências coletivas ou pessoais?

— Vive-se, na Comunidade, a experiência da salvação que Cristo Jesus nos traz para cada um e para o grupo?

— Reconhecemos a Comunidade como Corpo do Cristo Salvador e Libertador do nosso mal?

— Aceita-se o compromisso de fazer crescer, na Comunidade, e de conseguir, com ela e para ela, a salvação que Cristo nos oferece?

— Damos graças ao Senhor por esta Comunidade que nos ajuda a receber a salvação-libertação que Cristo Jesus nos dá?

4. — NÍVEL DE SERVIÇO

— Participei diretamente de algumas atividades de serviço? Continuei a trabalhar nelas? Comecei durante esta etapa?

— Que experiências pessoais estou tirando delas? Vivo-as como participação no mal estrutural?

— Sinto a diferença entre a vida dos que vivem oprimidos pelo mal e a minha vida? Por que essa diferença?

— Percebo em mim uma maior solidariedade para com eles?

— Experimento a necessidade de levar a todos a redenção e salvação de Cristo? Sem complexo de culpabilidade?

— Há alguma necessidade mais urgente que deva formular-me, ao prestar a minha colaboração?

Edições
Loyola
RUA 1822, 347
IPIRANGA
SÃO PAULO SP
IMPRESSÃO